Eis que faço novas todas as coisas

COLEÇÃO BÍBLIA EM COMUNIDADE

PRIMEIRA SÉRIE – VISÃO GLOBAL DA BÍBLIA

1. Bíblia, comunicação entre Deus e o povo – Informações gerais
2. Terras bíblicas: encontro de Deus com a humanidade – Terra do povo da Bíblia
3. O povo da Bíblia narra suas origens – Formação do povo
4. As famílias se organizam em busca da sobrevivência – Período tribal
5. O alto preço da prosperidade – Monarquia unida em Israel
6. Em busca de vida, o povo muda a história – Reino de Israel
7. Entre a fé e a fraqueza – Reino de Judá
8. Deus também estava lá – Exílio na Babilônia
9. A comunidade renasce ao redor da Palavra – Período persa
10. Fé bíblica: uma chama brilha no vendaval – Período greco-helenista
11. Sabedoria na resistência – Período romano
12. O eterno entra na história – A terra de Israel no tempo de Jesus
13. A fé nasce e é vivida em comunidade – Comunidades cristãs na terra de Israel
14. Em Jesus, Deus comunica-se com o povo – Comunidades cristãs na diáspora
15. Caminhamos na história de Deus – Comunidades cristãs e sua organização

SEGUNDA SÉRIE – TEOLOGIAS BÍBLICAS

1. Deus ouve o clamor do povo (Teologia do êxodo)
2. Vós sereis o meu povo e eu serei o vosso Deus (Teologia da aliança)
3. Iniciativa de Deus e corresponsabilidade humana (Teologia da graça)
4. O Senhor está neste lugar e eu não sabia (Teologia da presença)
5. Profetas e profetisas na Bíblia (Teologia profética)
6. O Sentido oblativo da vida (Teologia sacerdotal)
7. Faça de sua casa um lugar de encontro de sábios (Teologia sapiencial)
8. Grava-me como selo sobre teu coração (Teologia bíblica feminista)
9. Teologia rabínica (em preparação)
10. Paulo, apóstolo de Jesus Cristo pela vontade de Deus (Teologia paulina)
11. Compaixão, cruz e esperança (Teologia de Marcos)
12. Lucas e Atos: uma teologia da história (Teologia lucana)
13. Ide e fazei discípulos meus todos os povos (Teologia de Mateus)
14. Teologia joanina (em preparação)
15. Eis que faço novas todas as coisas (Teologia apocalíptica)
16. As origens apócrifas do cristianismo (Teologia apócrifa)
17. Teologia da Comunicação (em preparação)
18. Minha alma tem sede de Deus (Teologia da espiritualidade bíblica)

TERCEIRA SÉRIE – BÍBLIA COMO LITERATURA

1. Bíblia e Linguagem: contribuições dos estudos literários (em preparação)
2. Introdução ao estudo das formas literárias do Primeiro Testamento
3. Introdução ao estudo das formas literárias do Segundo Testamento
4. Introdução ao estudo das Leis na Bíblia
5. Introdução à análise poética de textos bíblicos
6. Introdução à Exegese patrística na Bíblia (em preparação)
7. Método histórico-crítico (em preparação)
8. Método narrativo na Bíblia (em preparação)
9. Método retórico e outras abordagens (em preparação)

QUARTA SÉRIE – RECURSOS PEDAGÓGICOS

1. O estudo da Bíblia em dinâmicas – Aprofundamento da Visão Global da Bíblia
2. Teologias bíblicas (em preparação)
3. Bíblia como literatura (em preparação)
4. Atlas bíblico (em preparação)
5. Mapas e temas bíblicos – Cartazes (em preparação)
6. Metodologia de estudo e pesquisa (em preparação)
7. Pedagogia bíblica (em preparação)
8. Modelo de ajuda (em preparação)

Aíla Luzia Pinheiro de Andrade

Eis que faço novas todas as coisas

Teologia apocalíptica

Teologias bíblicas 15

Dados Internacionais de Catalogação na Publicação (CIP)
(Câmara Brasileira do Livro, SP, Brasil)

Andrade, Aíla Luzia Pinheiro de
Eis que faço novas todas as coisas : teologia apocalíptica / Aíla
Luzia Pinheiro de Andrade. – São Paulo : Paulinas, 2012. – (Coleção
Bíblia em comunidade. Série teologias bíblicas)

ISBN 978-85-356-3241-5

1. Apocalipse (Teologia) 2. Bíblia - Teologia I. Título. II. Série.

12-07807   CDD-234.1

Índices para catálogo sistemático:
1. Apocalipse : Teologia : Cristianismo   234.1
2. Teologia apocalíptica : Cristianismo   234.1

1ª edição – 2012
3ª reimpressão – 2022

Direção-geral:	*Bernadete Boff*
Editora responsável:	*Maria Goretti de Oliveira*
Copidesque:	*Cirano Dias Pelin*
Coordenação de revisão:	*Marina Mendonça*
Revisão:	*Ruth Mitzuie Kluska*
Gerente de produção:	*Felício Calegaro Neto*
Assistente de arte:	*Ana Karina Rodrigues Caetano*
Capa e diagramação:	*Telma Custódio*

*Nenhuma parte desta obra poderá ser reproduzida ou transmitida
por qualquer forma e/ou quaisquer meios (eletrônico ou mecânico,
incluindo fotocópia e gravação) ou arquivada em qualquer sistema ou
banco de dados sem permissão escrita da Editora. Direitos reservados.*

SAB – Serviço de Animação Bíblica
Av. Afonso Pena, 2.142 – Bairro Funcionários
30130-007 – Belo Horizonte – MG
Tel.: (31) 3269-3737 – Fax: (31) 3269-3729
e-mail: sab@paulinas.com.br

Paulinas
Rua Dona Inácia Uchoa, 62
04110-020 – São Paulo – SP (Brasil)
Tel.: (11) 2125-3500
Telemarketing e SAC: 0800-7010081
http://www.paulinas.com.br – editora@paulinas.com.br

©Pia Sociedade Filhas de São Paulo – São Paulo, 2012

Sumário

APRESENTAÇÃO 7

INTRODUÇÃO 10

1 – Da profecia à apocalíptica 14
   A palavra "apocalipse" 14
   Deus que se revela 15
   Da profecia à sabedoria 16
   Desenvolvimento da literatura apocalíptica 20

2 – Elementos das teologias apocalípticas judaica e cristã . 25
   A teologia da história humana 25
   Evocação das origens do mundo e da humanidade 27
   Revelação dos segredos sobre o fim dos tempos 38
   Exigência de esperança para o tempo presente 41

3 – Os textos apocalípticos judaicos 49
   Escritos da apocalíptica judaica 49

4 – Os textos apocalípticos cristãos 73
   a. Canônicos 73
   b. Apócrifos 88

5 – A teologia do *Apocalipse* de João 95
   O contexto histórico do final do século I E.C. 96
   A composição do *Apocalipse* 98
   O projeto teológico do autor do *Apocalipse*:
   a história da salvação 98
   Um retorno às origens para entender o presente
   e ter esperança no futuro 100

A destruição do Templo de Jerusalém 101

Um mundo sob o poder do mal 104

A vitória de Cristo sobre o mal 110

Um mundo sem o mal: o último capítulo
do drama humano 115

CONCLUSÃO 122

REFERÊNCIAS BIBLIOGRÁFICAS 125

Apresentação

O livro que você tem em mãos traz como título *Eis que faço novas todas as coisas.* É uma citação do Livro do Apocalipse (Ap 21,5) para mostrar que a ação salvífica de Deus é capaz de transformar o contexto de morte em vida nova. Este volume faz parte da segunda série do projeto "Bíblia em Comunidade": Teologias Bíblicas. Trata da Teologia Apocalíptica que aparece nos escritos do Primeiro e Segundo Testamento, bem como nos escritos apócrifos. São ao todo dezoito volumes. A série inicia com as experiências fundantes do povo da Bíblia, de um Deus muito próximo, como aquele que vê a miséria, ouve o grito, conhece a aflição do seu povo, desce para libertá-lo e fazê-lo subir da casa da escravidão para a liberdade. É esse Deus que faz aliança com esse povo escravo, marca sua presença no meio deles e o acompanha ao longo da história com a sua graça.

À *segunda série das Teologias Bíblicas* precede a série *Visão Global da Bíblia*, que é fundamental para situar nos contextos históricos os textos bíblicos das Teologias. Além de apresentar o contexto histórico, geográfico onde viveu o povo, ela apresenta também a época em que os escritos nasceram, a visão de Deus que eles refletem, as releituras que os seus autores fizeram. Já pensou o quanto tudo isso vai nos ajudar na compreensão e interpretação das Escrituras? Compõem a primeira série quinze pequenos volumes.

E mais: na *terceira série, Palavra: Forma e Sentido,* você vai conhecer a Bíblia como literatura, descobrir suas formas e gêneros literários, os diferentes métodos e abordagens para chegar à sua hermenêutica. Vamos tomar como exemplo a apocalíptica. Quantas pessoas têm até medo de abrir o Livro do Apocalipse por aquilo que possa descobrir na sua leitura sobre o fim do mundo, as catástrofes, monstros terríveis, risco de morte. Tudo isso mete medo. Razão pela qual muitas pessoas não pegam esse livro para ler. Na verdade, a compreensão da linguagem simbólica desfaz o mistério e torna acessível a sua mensagem.

Aíla, em seu livro, desenvolve em cinco capítulos o essencial sobre a apocalíptica: o primeiro capítulo – "Da profecia à apocalíptica" – apresenta o sentido da revelação, que é o propósito da apocalíptica, e o contexto histórico conflituoso onde ela aparece.

O segundo capítulo – "Elementos das teologias apocalípticas judaica e cristã" – indica algumas características teológicas que são comuns a judeus e cristãos, e o que é específico de cada uma.

O terceiro capítulo – "Os textos apocalípticos judaicos" – aborda os escritos canônicos do Primeiro Testamento, mais os apócrifos e escritos do Mar Morto.

O quarto capítulo – "Os textos apocalípticos cristãos" – apresenta os escritos canônicos do Segundo Testamento e os apócrifos que surgiram contemporânea e posteriormente.

O quinto e último capítulo dá um destaque à "A teologia do Apocalipse de João". Situa-a no seu contexto histórico e desenvolve alguns elementos centrais dessa teologia, como: o poder do mal, a vitória de Cristo sobre o mal, um mundo sem mal e a justiça que nos faz participar desde já do mundo sem mal.

A autora tem uma linguagem simples, clara e ao mesmo tempo sucinta, para tratar de um assunto tão complexo como é a apocalíptica. Uma pelo fato de as pessoas carregarem muitos preconceitos em relação ao assunto e outra porque as pessoas costumam fazer uma leitura ao pé da letra. O que não favorece uma leitura libertadora dos textos apocalípticos. Nesta obra você conhecerá a vasta literatura canônica, apócrifa, tanto judaica quanto cristã, sobre apocalíptica. Bom proveito!

Ir. Romi Auth, fsp
Serviço de Animação Bíblica (SAB)

Introdução

Vivemos em uma época marcada por forte misticismo. Esse tipo de comportamento foi considerado, pelos estudiosos, como um "efeito pendular". Análogo ao pêndulo, que oscila num movimento horizontal de vaivém, o efeito pendular na história consiste em uma reação extremista a uma mentalidade que marcou a época anterior.

E qual é essa mentalidade que marcou a época anterior? É a das descobertas científicas modernas, que trouxeram uma crise de fé e que se manifestou, principalmente, na desconfiança a respeito da religião, na indiferença religiosa e no ateísmo. O conceito de *verdade* foi reduzido à *exatidão científica* e o *simbólico* tornou-se sinônimo de *falso*. Exemplo disso é a pergunta feita pela maioria dos participantes de cursos bíblicos a respeito de algum dos patriarcas ou outro personagem da Bíblia, se "é simbólico ou verdadeiro". Isso mostra como nossa linguagem cotidiana compreende o conceito de *simbólico,* para a época atual, como sendo sinônimo de *falso.* Em vez disso, poder-se-ia pensar que algumas verdades são tão profundas que somente recorrendo aos símbolos é possível dizer o indizível!

Hoje, a verdade não mais se reduz à exatidão científica. Há espaço para a fé, mas esta foi tão machucada no ringue da Modernidade que ficou quase irreconhecível. Poucos sabem qual é a sua identidade, é urgente reconstruir seu rosto! Mas nem todos estão ocupados ou preocupados com isso. Para a maioria das pessoas, basta uma fé ou crença superficial, sem o crivo da razão.

Misticismo não é fé, é superstição. Como descobrir o tênue fio que marca a fronteira entre ambos? A razão não pode ser dispensada de seu papel nesta tarefa. Uma fé irrefletida não é fé! É hora de a mística entrar em ação! Mas o mundo atual não está preparado para viver a mística, pois se distanciou muito dela durante muito tempo. Em vez de mística temos o misticismo, com enfoques sobre anjos e demônios, bruxas e fadas, gnomos e duendes que povoam o espaço e ocupam as mentes.

Com misticismo em demasia, o "apocalipcismo catastrófico" voltou à tona unido às teorias ecológicas sobre a destruição do planeta e do sistema solar. Há uma gama de literatura e de produções cinematográficas sobre o apocalipse, destacando o fim do planeta, baseadas em teorias científicas unidas a antigos mitos cosmogônicos e escatológicos.[1]

O livro do Segundo Testamento conhecido como *Apocalipse*, intensamente desprezado ao longo da história, ganhou destaques midiáticos. Mas sua leitura está sendo correta? A intenção de seu autor está sendo compreendida e respeitada? Esse livro está servindo ao propósito para o qual foi escrito?

Daniel, no Primeiro Testamento, e o *Apocalipse,* no Segundo Testamento, constituem livros bíblicos especificamente apocalípticos. Mas há muitos outros textos avulsos que pertencem a esse gênero literário, tanto no Primeiro quanto no Segundo Testamento. Além disso, há várias obras de literatura apocalíptica que foram consideradas apócrifas.

Durante algum tempo os "apocalipses" não ocuparam muito espaço nas pesquisas bíblicas. Entretanto, o movimen-

---

[1] Enquanto os mitos cosmogônicos têm por objetivo explicar a origem do universo, os escatológicos se ocupam com o fim dele.

to de retorno à Bíblia, unido à leitura dos textos dentro de seus ambientes vitais, teve como consequência a redescoberta da apocalíptica como literatura de resistência em tempos de perseguição. As metáforas utilizadas por esse tipo de escrito, como, por exemplo, monstros terríveis e grandes cataclismas da natureza, simbolizam forças destruidoras que se manifestam em várias dimensões da vida, até mesmo na política. A ação de Deus, nesses contextos históricos, é perceptível somente à luz da revelação e da fé, sendo difícil nomeá-la em linguagem exata. Por isso recorre-se a símbolos como sonhos e visões.

Portanto, somente quando se levaram em conta o contexto histórico e o gênero literário dos textos é que muitos estudiosos passaram a considerar a literatura apocalíptica com a mesma importância que se dá aos demais escritos bíblicos. O gênero apocalíptico, como tantos outros, tem em seu arcabouço mensagem, vocabulário e demais aspectos, e o objetivo de mostrar a resposta de Deus para o ser humano, em crise de fé e em tempos difíceis.

Foram três os períodos históricos mais importantes em relação ao estudo da literatura apocalíptica.[2] A primeira fase foi um pouco tímida, as publicações das pesquisas se deram entre os anos 1713 e 1850. Depois dessa etapa inicial, praticamente levada a termo pelos estudiosos alemães, foi a vez de importantes publicações em inglês, de 1851 a 1913. Mas de 1914 a 1969 quase nada se publicou, e houve um esfriamento nos ânimos para o estudo da apocalíptica. Depois disso, os alemães retomaram as pesquisas desde 1970, com um

---

[2] DI TOMMASO, Lorenzo. A Report on Pseudepigrapha Research since Charlesworth's Old Testament Pseudepigrapha. *Journal for the Study of the Pseudepigrapha* 12 (2001) 179-207.

reflorescimento das publicações de várias edições críticas, dos livros apocalípticos e de comentários a essa literatura, em diversos idiomas.[3] Isso impulsionou os interesses das pessoas em geral para se conhecer melhor a apocalíptica. A divulgação das pesquisas exigiu que grupos e comunidades, formados por pessoas mais simples, tivessem acesso às conclusões desses estudos.

Para que a literatura apocalíptica continue a iluminar as comunidades da época atual é que apresentamos este fascículo! Aqui ofereceremos algumas ferramentas adequadas para que se possa reconhecer e entender um texto apocalíptico, com sincero desejo de que as comunidades de hoje sejam novamente alimentadas na esperança pelos testemunhos de quem não fraquejou, nem mesmo nos momentos em que o mal parecia vitorioso sobre o bem.

Que a mensagem da literatura apocalíptica seja como uma seiva a nos fortalecer na construção do Reino definitivo!

---

[3] Destacamos a edição espanhola, dirigida por Alejandro DÍEZ MACHO, *Apócrifos del Antiguo Testamento* (Madrid: Cristiandad, 1984. t. I: Introducción general).

Capítulo 1
Da profecia à apocalíptica

A palavra "apocalipse"

O propósito da literatura apocalíptica é a *revelação*. O termo grego *apocalipse* é composto do prefixo *apó* (ἀπό) com o sentido de tirar, puxar, e *kalýpto* (καλύπτω), que significa cobrir, dando origem ao verbo ἀποκαλύπτω (*apokalypto*), que literalmente quer dizer: "tirar a cobertura" (Gn 8,13), ou, mais precisamente, "tirar o véu".

A *Septuaginta* (LXX)[1] usou o verbo *apókalypto* para traduzir os termos hebraicos *galah* (גָּלָה – cf. Ex 20,26 e 1Sm 2,27) e *rasaf* (חָשַׂף – cf. Sl 29,9 e Is 47,2). Ambos com o sentido de descobrir a nudez, ou os olhos[2] (Nm 22,31), ou, ainda, para falar sobre a manifestação de Deus a alguém (como em 1Sm 3,21). O Livro de Daniel utilizou o verbo *apokalypto* no sentido de revelar mistérios (Dn 2,29).

Em duas situações bem específicas se usava um véu sobre o rosto. Primeiramente, a mulher virgem quando estava diante do futuro esposo, conforme nos indica o exemplo de Rebeca (Gn 24,64-65). Estar perante o homem com quem irá casar-se e manter o rosto descoberto significaria, para a cul-

---

[1] Tradução grega do Primeiro Testamento terminada, provavelmente, por volta de 117 a.E.C., conforme se pode deduzir do prólogo do Eclesiástico (Sirácida).

[2] Descobrir os olhos é o ato de Deus, para tornar alguém capaz de ver o que os outros não veem, ou seja, tornar-se vidente.

tura do povo da Bíblia, uma desonra, porque tal atitude da mulher significaria que ela era "conhecida", ou seja, já tinha praticado relações sexuais.

Outro momento em que se cobria o rosto era em decorrência do luto (2Sm 19,4 – e, no Evangelho de João 11,44, também se cobria o rosto de um morto). O véu escondia o rosto sombrio, que negava o propósito de vida plena e a dignidade, para as quais o ser humano havia sido criado. Após o luto, o véu era retirado e a pessoa se revelava em seu vigor, podendo agora tocar a vida adiante.

Exceto nessas circunstâncias, o único motivo para se cobrir o rosto era o cuidado para não ser identificado. Era essa a atitude das prostitutas (Gn 38,15), dos ladrões e de outros infratores da lei, que ainda hoje repetem esse gesto quando não querem ser conhecidos ou reconhecidos.

Deus que se revela

Deus tomou a iniciativa de revelar-se! Significa que ele se dá a conhecer totalmente porque deseja travar um relacionamento de amizade com a humanidade. Deus se mostra, até mesmo quando o ser humano pensa que ele está escondido (Is 45,15). Deixa pegadas de sua presença na criação, na história e no íntimo de quem aceitou o convite para entrar na amizade com ele.

A revelação significa que a decisão de mostrar-se é iniciativa de Deus. A ela responde o ser humano como acolhida desse ato sumamente livre do Criador. A revelação, porém, não significa colocar Deus num laboratório nem esgotar o conhecimento sobre ele. O Deus revelado também permanece escondido, ou seja, não se reduz ao mundo criado. O Criador é indizível, indisponível (não se pode dispor dele a bel-prazer) e não é manipulável.

Com o intento de expressar essa tensão escondimento--revelação, as Escrituras se utilizam das narrativas de teofanias, símbolos e metáforas. Estas têm por objetivo mostrar que nenhuma criatura é uma divindade, e que a criação revela e esconde o Criador que está presente nela, e para além dela. A teofania afirma que houve uma revelação, mas são percebidos apenas fenômenos naturais e não o próprio Deus. No decorrer deste fascículo, veremos como o recurso a símbolos e a metáforas são amplamente usados pela literatura apocalíptica.

Mas a revelação[3] não é escopo somente da apocalíptica. A profecia também tem por finalidade dar a conhecer a Deus e a ação dele na história da humanidade. Tanto a profecia quanto a apocalíptica têm suas raízes no desejo do ser humano de penetrar os segredos do céu, conhecer o próprio destino e compreender as adversidades, sob as quais sempre esteve exposto.

Da profecia à sabedoria

A passagem da profecia à apocalíptica não aconteceu de repente, mas foi um processo lento e gradual. Nota-se uma diferença entre os profetas que surgiram no tempo da monarquia, tanto no Reino de Israel, ao Norte, quanto no Reino de Judá, ao Sul, e os profetas pós-exílicos. Nos primeiros profetas percebe-se forte a denúncia contra toda a forma de opressão, idolatria e injustiças cometidas pelos reis e poderosos, que-

---

[3] RIGAUX, Béda; GRELOT, Pierre. Revelação. In: LÉON-DUFOUR, Xavier et al. *Vocabulário de teologia bíblica.* Petrópolis: Vozes, 2009. c. 899-908.

brando a aliança de Deus com o seu povo, da qual eles deviam ser os guardiães e promotores. E ao mesmo tempo os profetas anunciam a necessidade de conversão e mudança, para que a aliança fosse retomada, embora Deus sempre estivesse disposto a perdoar e usar de misericórdia.

Mas, quando o reino de Israel e o reino de Judá perderam a sua autonomia, com o domínio dos grandes impérios sobre eles, percebem-se nos oráculos proféticos tendências apocalípticas, como o II Isaías, Ezequiel, Zacarias, Daniel[4] e outros. No conteúdo e na forma aparecem características apocalípticas, como: o Dia do Senhor, o novo céu e a nova terra, as visões, a linguagem simbólica e outras. É uma literatura que nasce em contexto de perseguição, opressão e sofrimento.

De início, a profecia em Israel se utilizou das mesmas formas que seus vizinhos politeístas para consultar a vontade de Deus: presságios, sonhos, sorteios, astrologias etc. Contudo, como a revelação manifesta-se de modo progressivo na história, os profetas de Israel foram abolindo essas formas de consulta da vontade de Deus, e até mesmo passaram a combater os adivinhos profissionais (Jr 23,25-32).

Os profetas de Israel passaram a fazer o discernimento dos sinais dos tempos, alicerçados numa profunda experiência existencial com o Deus de Israel. A literatura profética ainda se serve de sonhos e de visões. Contudo, esses permanecem enigmáticos e necessitam de uma palavra de Deus para interpretá-los. Mesmo assim, a profecia se compreende como revelação direta de Deus. A palavra pronunciada pelo profeta não

---

[4] O Livro de Daniel não faz parte dos livros proféticos na Bíblia hebraica, encontra-se entre os escritos. No cânon da *Vulgata*, porém, o Livro de Daniel faz parte dos livros proféticos.

tem origem nele mesmo, mas em Deus, que o envia a anunciar uma mensagem, e a denunciar as injustiças.

No decorrer da história, a profecia também foi cedendo lugar à sabedoria. Esta, diferente daquela, compreendeu-se como resultado da reflexão humana, do exercício da inteligência iluminada pelo dom de Deus. A criação e a história são como dois trilhos, por meio dos quais se move o trem da sabedoria. O sábio, guiado pela sabedoria divina, perscruta a história, a natureza e as Escrituras para descobrir ali a ação de Deus, e qual deva ser a correspondente ação humana.

Na apocalíptica, "profecia e sabedoria se entrecruzam" (Dn 5,11-14).[5] Aqui a Palavra de Deus é revelada ao ser humano pelo Espírito Santo, que anuncia a vontade divina e denuncia as injustiças. Ao mesmo tempo, essa palavra também é fruto da meditação das Escrituras, da ordem do universo e dos sinais dos tempos.

Conforme André Paul,[6] a apocalíptica é a passagem do profeta que fala para o profeta que escreve, da era do oráculo para a era do livro. O autor de um texto apocalíptico é um profeta que não profere oráculos, mas, à maneira do sábio, exprime num livro suas reflexões. A diferença é que, agora, as profecias estão sob a forma de visões, sonhos e outros símbolos, que se constituem revelação dos segredos, sobre as origens, e sobre o fim do mundo. Como exemplo, o Livro do *Apocalipse* define-se como livro profético, e apela ao leitor que leve a sério a profecia ali contida (Ap 1,3; 22,7.10.18-19). No Livro de Daniel, ao contrário, o vidente é um sábio que recebe de Deus a interpretação de visões e sonhos (Dn 1,17).

---

[5] Ibid., c. 901.

[6] PAUL, André. *O que é intertestamento*. São Paulo: Paulus, 1981. p. 64. (Cadernos Bíblicos, n. 10.)

Os primeiros testemunhos desse tipo de literatura datam do período pós-exílio. Ao voltarem da Babilônia e sob o Império Persa (538 a.E.C.), os judeus reconstruíram o Templo, restauraram o culto e organizaram o estudo sinagogal da Torah (Pentateuco). Mas, em vez de experimentarem o que havia sido prometido pelos profetas (Is 14,1-2),[7] o povo de Israel estava sob sucessivas dominações estrangeiras, e sem um sucessor de Davi no trono.

O contraste entre as promessas proféticas de sucesso político de Israel, e a realidade em que viviam, levou alguns sábios e escribas a assumirem o encargo de oferecer uma reflexão satisfatória, para aquela época. O resultado desse estudo foi o surgimento da apocalíptica[8] como fruto de uma consciência dos limites históricos, ou seja, quando os judeus perceberam que as pretensões políticas dos profetas, da época do exílio, a respeito de Israel, estavam totalmente fora de alcance.[9]

Em seus momentos iniciais no pós-exílio, a apocalíptica estava inserida nos livros proféticos (Is 24-28).[10] Esses trechos são sementes daquilo que floresceu posteriormente, nos livros propriamente apocalípticos, do século II a.E.C. em diante. Nos livros proféticos, os trechos apocalípticos tinham como objetivo principal manter a esperança numa intervenção libertadora do Deus de Israel, num futuro escatológico, a saber, no Dia do Senhor (Is 2,12).[11]

A partir de então, vigorava a certeza de que, após as tribulações pelas quais os judeus passavam, viria uma época

---

[7] Cf. Ez 36,7-15; Ag 2,6-9.

[8] DIEZ MACHO, Alejandro. *Apócrifos del Antiguo Testamento*. p. 53-87.

[9] PAUL, *O que é intertestamento*, p. 66.

[10] Cf. Is 34-35; Ez 38-39; Zc 9-14.

[11] Cf. Is 13,9; Jl 2,1; 3,14; Sf 2,2.

de paz e de prosperidade, fruto da ação divina sobre a história. Essa ação de Deus é o seu reinado, mediante Israel, sobre todas as nações.[12]

Como o foco principal, comum a qualquer texto apocalíptico, é que Deus governa a história, somos direcionados para o ambiente vital do surgimento da literatura apocalíptica: um contexto que nega o senhorio de Deus sobre a história. Assim, já podemos dizer com segurança que os textos apocalípticos, estejam na Bíblia ou não, constituem-se literatura de resistência. Ou seja, para enfrentar um contexto que nega a soberania de Deus sobre a história e que, em decorrência disso, se constitui época de extrema opressão. A literatura apocalíptica sai a campo para manter a fé e a esperança das vítimas daquela situação.

"Era a hora em que, sobretudo na Palestina, o livro aparecia com uma função social determinada. – Era também o lugar no qual, entre os judeus politicamente arrasados e procurando critérios históricos pertinentes, a prática literária se revestia de uma significação inédita."[13]

Desenvolvimento da literatura apocalíptica

Os grandes textos apocalípticos, provavelmente, surgiram numa época posterior às dominações estrangeiras sobre

---

[12] Até que surgiram os textos apocalípticos, a noção de Reino de Deus era rara no Primeiro Testamento. A expressão como tal ocorre somente uma vez na Bíblia hebraica de forma explícita em 1Cr 28,5 e outra vez em um texto deuterocanônico, a saber: em Sb 10,10. É com a literatura apocalíptica que o conceito de Reino de Deus ganha corpo. Em Dn 2,31-45 afirma-se que se trata de um reino que suplantará todos os impérios anteriores que dominaram sobre Israel, mas isso seria possível somente no fim dos tempos.

[13] PAUL, *O que é intertestamento*, p. 63.

Israel. Mas, apesar das diversas pesquisas que já foram realizadas sobre a literatura apocalíptica, a "datação de muitos escritos ainda está baseada em simples conjecturas e não conhecemos suficientemente o contexto em que surgiram".[14]

Para André Paul, o desenvolvimento da literatura apocalíptica deu-se em três etapas da história:[15]

a) A revolta dos Macabeus contra a helenização (167 a.E.C.), quando surgiram os grandes textos apocalípticos

Quando Antíoco Epífanes (215-162 a.E.C.) decretou a proibição do culto no Templo e a queima dos rolos da Torah, propagando o helenismo mediante a coerção,[16] os sábios judeus, dando continuidade à missão dos profetas antigos, empreenderam a tarefa de manter a fé do povo. Por isso, é compreensível que, naqueles tempos difíceis, tenha surgido uma literatura de resistência.

O objetivo desses escritos configurou-se como uma tentativa de responder a questões cruciais: Por que os judeus estavam sendo perseguidos e martirizados por causa de sua fidelidade à Torah? Por que Deus mantinha-se em silêncio diante deste fato? (Sl 44). Por que Israel ainda era dominado por nações estrangeiras?

O veículo principal da propagação dessa resposta e, ao mesmo tempo, da ideologia de resistência ao helenismo foi o *apocalipsismo*. Houve um efervescer desse tipo de literatu-

---

[14] GUERVARA, Hernando. *Ambiente político del pueblo judío en tiempos de Jesús.* Madrid: Cristiandad, 1985. p. 163.

[15] PAUL, *O que é intertestamento*, p. 67.

[16] HORSLEY, Richard A.; HANSON, John S. *Bandidos, profetas e messias;* movimentos populares no tempo de Jesus. São Paulo: Paulus, 1995. p. 16-18.

ra, tendo por objetivo revelar o plano de Deus para libertar o povo, e dar-lhe motivação para a resistência na perseguição.

Motivados por essa literatura, os Macabeus uniram o povo (1Mc 2,42; 2Mc 14,6) e ofereceram oposição ao dominador estrangeiro,[17] convencidos de serem instrumentos da guerra de Deus. Assim, os judeus se engajaram na resistência contra a perseguição religiosa e cultural, seja pelo martírio, seja pela guerra.

São dessa época o Livro de Daniel e várias seções do *Primeiro Henoque* (1Hen).

b) O início da dominação romana (63 a.E.C.)

"A religião judaica, ao longo do período herodiano, sofreu um estancamento, no qual toda manifestação de vitalidade religiosa foi reprimida."[18]

Com a morte de Herodes Magno (em 4 E.C.), deflagraram rebeliões inspiradas por movimentos messiânicos, que tinham por objetivo sacudir o jugo romano que pesava sobre os judeus. Foi o movimento cujos participantes eram chamados de "bandidos", quando, na verdade, eram defensores do povo, seguidores da Torah e do Reino de Deus. Entre eles estava Judas, conhecido como "filho de Ezequias". Conforme o historiador judeu Flávio Josefo, Ezequias tinha sido capturado a muito custo, quando Herodes ainda vivia. Logo depois (em 4 E.C.), Judas tomou para si a luta que o pai havia iniciado.[19]

---

[17] Ibid., p. 19.

[18] RODRÍGUEZ CARMONA, Antonio. *La religión judia;* historia y teología. Madrid: BAC, 2002. p. 114.

[19] Cf. *Ant. Jud.* XVII, 271-272; *Bell. Jud.* VII, 56. Usamos as abreviaturas: *Ant. Jud.* para *Antiquitates Judaicae* (*Antiguidades Judaicas*) e *Bell. Jud.* para *Bellum Judaicum* (*Guerra dos Judeus*).

Outra rebelião, ainda por volta de 4 E.C., foi liderada por Simão de Pereia, que, segundo Josefo, tinha sido servo do rei Herodes. Simão foi derrotado e decapitado enquanto fugia das tropas romanas (Ant. Jud. XVII, 273-276). Depois foi a vez de Atronges: um bando numeroso se uniu a ele, e o declararam rei (Ant. Jud. XVII, 278-284), mas foram totalmente dizimados por Gratus, comandante da infantaria real.

No ano 4 E.C., o Império Romano crucificou cerca de dois mil rebeldes. Mas essa manobra política não reprimiu o desejo de libertação nacional. A partir de então, a presença romana foi vista como uma potência inimiga do Deus de Israel, sendo identificada com o quarto império do Livro de Daniel (Dn 2,40; 7,19).[20] É a época do *Segundo Henoque* (2Hen), do *Apocalipse de Moisés* e de *As Parábolas de Primeiro Henoque 27-71*.

c) A destruição do Templo de Jerusalém[21]

Em 66 E.C., deu-se início à guerra dos judeus contra o Império Romano. A consequência foi a destruição do Templo de Jerusalém, no ano 70. Com isso, surgiu uma nova forma de religiosidade, pois o culto sacrifical, dimensão importante do Judaísmo, não era mais possível. Desapareceu o governo teocrático do sumo sacerdote, junto com o sinédrio. Os rebeldes radicais foram eliminados e os moderados, dizimados. Diversos grupos religiosos desapareceram. Os apocalipses do *Quarto Esdras* (4Esd) e *Segundo Baruc* (2Bar) são testemunhas desses fatos.

Desvinculados da rebelião, fariseus e alguns escribas conseguiram conservar uma posição privilegiada. Eles se

---

[20] DIEZ MACHO, *Apócrifos del Antiguo Testamento,* p. 49-54.

[21] De maneira geral, seguimos os estudos de RODRÍGUEZ CARMONA, *La religión judia;...,* p. 167-168.

concentraram em reconstruir o Judaísmo. Essa época foi de grande florescimento literário. São do final do século I E.C. o *Apocalipse*, e vários trechos apocalípticos dos Evangelhos canônicos.

Por volta dos anos 115-117, explodiu uma série de revoltas dos judeus da Diáspora. Mais tarde, entre os anos 132-135, a luta pela libertação nacional voltou com grande força, encabeçada por Simão Bar Kochba, que, semelhante às anteriores, também sofreu derrota total.

Com mais uma vitória do Império Romano, os judeus foram desterrados e a cidade de Jerusalém tornou-se uma colônia romana. Apesar disso, ainda surgiram algumas literaturas, principalmente na forma de seções apocalípticas, inseridas em obras posteriores.[22]

---

[22] DIEZ MACHO, *Apócrifos del Antiguo Testamento*, p. 35.

Capítulo 2
Elementos das teologias apocalípticas judaica e cristã

Com a destruição do Templo de Jerusalém e a guerra judaica, também houve um florescimento de textos apocalípticos no ambiente cristão. Embora haja muitos elementos comuns entre ambas as apocalípticas, é necessário ter clareza sobre as distinções entre elas, bem como os novos aspectos com que o Cristianismo enriqueceu esse tipo de literatura. Antes de tudo, deve-se ter consciência sobre o que é específico do gênero literário apocalíptico como tal para, depois, percebermos as diferenças entre a apocalíptica judaica e a cristã.

O primeiro problema a enfrentar é que elementos – como o Reino de Deus, pseudoepigrafia, Dia do Senhor, retribuição (ou ressurreição), visões e sonhos, anjos e mensagens vindas diretamente de Deus – comuns a qualquer texto apocalíptico não são exclusivos desse gênero literário. Ao contrário, também são muito frequentes em outras literaturas. Dessa forma, afirmar que a presença desses elementos faz com que uma obra seja apocalíptica seria uma conclusão parcial. Nesse caso, devemos procurar o que é constitutivo da apocalíptica, e como esses elementos se encaixam aí.

A teologia da história humana

O específico desse gênero literário, e que o distingue dos demais, é uma teologia da história humana. Conforme André Paul, a apocalíptica é mais que literatura, "é um grande e vigoroso movimento cultural", no qual se desenvolveu "uma verdadeira ciência da história".[1] Para a apocalíptica, a história humana é história da salvação, que começa com as promessas divinas e se encaminha para um ponto final, no qual essas promessas serão realizadas.

Os acontecimentos históricos não são frutos do acaso, mas da vontade de Deus, que "os ordenou e os concatenou".[2] Entre o início e o fim da história está o tempo do autor real do texto apocalíptico, como época na qual os acontecimentos contrariam as promessas divinas, tornando-as impossíveis de se realizarem. Essa antítese exige uma resposta de fé, que visualiza a solução dada por Deus num futuro glorioso para os justos e terrível para os ímpios. Ou seja, na época do autor real há pouco a ser feito. Resta-lhe manter a esperança de que a situação se inverta no futuro, numa ação divina decisiva no Dia do Senhor.[3]

Mas a literatura apocalíptica não é apenas um insuflar de ideias num contexto histórico hostil à fé, não é um paliativo teológico-literário para sonhos arruinados de grandeza política. Os "apocalipses" foram os meios com os quais os judeus, e depois os cristãos, mostraram, sem belicosidade, que sua existência histórica tinha sentido. Por meio da apocalíptica, Israel (e depois a Igreja) se afirmou perante o futuro e a história. A história ainda tinha sentido, e ela podia ser vista pelo autor, inspirado pelo Espírito Santo.

---

[1] PAUL, André. *O que é intertestamento*. São Paulo: Paulus, 1981. p. 64. (Cadernos Bíblicos, n. 10.)

[2] RODRÍGUEZ CARMONA, Antonio. *La religión judía;* historia y teología. Madrid: BAC, 2002. p. 158.

[3] Ibid., p. 156-158.

Essa teologia da história é o que há de específico no gênero apocalíptico, e o que o torna singular no labirinto dos vários elementos presentes nesse tipo de literatura. Em consequência disso, podemos destacar uma estrutura teológica mínima, comum a qualquer apocalipse: a evocação das origens do mundo e da humanidade, a revelação dos segredos sobre o fim dos tempos e a exigência de esperança para o tempo presente.[4]

Evocação das origens do mundo e da humanidade

Na literatura apocalíptica há uma evocação das origens do mundo e da humanidade por meio de: pseudonímia e pseudoepigrafia; testamento do herói; releitura dos mitos; arrebatamento do vidente; sonhos e visões.

Pseudonímia e pseudoepigrafia

O grande número de obras da Antiguidade que se utilizam desse artifício da pseudonímia e pseudoepigrafia é uma evidência segura de sua eficácia, apesar de esse recurso literário ser muito estranho para a Modernidade. As razões principais para o uso da pseudonímia e pseudoepigrafia são assegurar o máximo de autoridade para o escrito, além de manter em segurança o verdadeiro autor, quando se trata de um tempo de perseguição.

Esse artifício literário se resume no seguinte: era importante desvelar o que estava decretado por Deus desde o início e que ninguém sabia. Ou seja, dar a conhecer os segredos do

---

[4]   PAUL, *O que é intertestamento*, p. 65.

passado (época do pseudoautor) que ajudavam a entender a época do verdadeiro autor, e mantinham a esperança em vista das etapas finais da história, quando tudo seria consumado. Os segredos do passado, presente e futuro teriam sido revelados desde o início ao pseudoautor, que teria recebido o encargo divino de escrever as revelações num livro, para dá-las a conhecer durante o curso desastroso da história. Com esse recurso, o personagem famoso do passado dava a explicação dos mistérios para as pessoas do tempo do autor real. A história era pseudopredicativa, apresentada em forma de previsões de acontecimentos futuros.

Com a cessação da profecia, um personagem de prestígio do passado é evocado como sendo o autor do texto apocalíptico, apresentado geralmente como sendo uma profecia. Esse personagem das origens da humanidade, ou de Israel, torna-se também a figura central do livro. Dessa forma, mostram-se como as grandes figuras do passado intervêm na história.[5] A proeminência de nomes dos patriarcas, ou dos profetas como pseudoautores, confere autoridade inquestionável ao escrito.

Tomemos, por exemplo, o Livro de Daniel, homem de extraordinária sabedoria e retidão, cujo nome está vinculado ao de Noé e ao de Jó (cf. Ez 14,14.20). A época real do autor é cerca de 165 a.E.C., durante a dominação helenista. Mas o texto faz acreditar que o livro foi escrito no século VI a.E.C., no tempo do exílio da Babilônia.

Conforme os capítulos 7-12, Daniel se torna detentor das interpretações dos enigmas que salientam o destino de Israel, com relação aos reinos pagãos. As revelações desses mis-

---

[5] Ibid., p. 68.

térios têm como objetivo encorajar os judeus em seu conflito com Antíoco Epífanes.

No Segundo Testamento, o Livro do Apocalipse também pretende desvendar os enigmas da história, revelando as "coisas que devem acontecer" (Ap 1,1.19; 4,1; 22,6). Contudo, o autor não se apresenta como um dos personagens das etapas iniciais da história da humanidade, mas sim como um companheiro na tribulação (Ap 1,9). Não era necessário atribuir a autoria do livro a alguém do passado, porque a revelação é dada por Jesus (Ap 1,1), o qual está presente na totalidade da história: é o "Alfa e o Ômega, o Primeiro e o Último, o Começo e o Fim" (Ap 22,13).

Testamento de herói

Nos apocalipses, uma das formas de mostrar a continuidade da história, pelo uso da pseudonímia/pseudoepigrafia, é o recurso ao gênero literário *testamento* de herói.[6] Consiste, principalmente, em discursos do pseudoautor antes da própria morte/ascensão, nos quais desvela o futuro dos destinatários e faz exortações a que permaneçam na fidelidade a Deus.

No testamento, ou discurso de adeus, o pseudoautor geralmente afirma a própria preexistência e conhecimento da história, desde as origens dos tempos até os seus finais. Por isso, dá instruções para que suas palavras sejam conservadas por escrito e guardadas até o tempo reservado. Ou seja, até a época da perseguição, quando se necessitava do desvelamento dos segredos da história para que fosse possível guardar a fé em Deus e a esperança num mundo que estava por vir em breve. Esse artifício literário dá autoridade à mensagem

---

[6] Ibid., p. 69-82.

do verdadeiro autor para os de sua própria geração. Por meio desse recurso literário o verdadeiro autor interpreta, para seus contemporâneos, os acontecimentos desastrosos e assegura--lhes que Deus os fará vitoriosos sobre o mal.

Na literatura judaica, temos como exemplo principal o *Testamento dos doze patriarcas* (baseado em Gn 49). Uma produção farisaica do século II a.E.C. com posteriores interpolações cristãs.[7] Para cada patriarca há uma pseudo-história de vida, uma grande seção exortativa e uma conclusão apocalíptica (exceto para Gad).[8] Outro exemplo é o *Testamento de Moisés* (Assunção de Moisés), do século I E.C. De ambiente farisaico, refere-se a acontecimentos contemporâneos de Jesus, como a morte de Herodes Magno e a existência do Templo, ainda em plena atividade. Segundo esse livro, há uma "profecia do tipo apocalíptico que teria sido escrita por Moisés e deixada por ele ao seu sucessor, Josué".[9]

Entre os exemplos vindos do ambiente cristão figura principalmente o texto do *Discurso Escatológico de Jesus*, em Mc 13 (paralelo com Mt 24 e Lc 21), que trata sobre o papel de Jesus, enquanto *Filho do Homem*, para Jerusalém, para seus seguidores e para o ser humano em geral. O texto menciona a destruição do Templo de Jerusalém (vv.1-2); os sinais que antecederão o fim dos tempos (vv. 3-8); a perseguição (vv. 9-13); a abominação da desolação (vv.14-20); os falsos profetas e os falsos messias (vv. 21-23); a vinda do Filho do Homem (vv. 24-27); e uma exortação à fidelidade ou à vigilância (vv. 28-

---

[7] DÍEZ MACHO, Alejandro. *Apócrifos del Antiguo Testamento*. Madrid: Cristiandad, 1984. t. I: Introducción general, p. 63.

[8] PAUL, *O que é intertestamento*, p. 82.

[9] Ibid., p. 84.

37).[10] A grande diferença entre esse texto e os "testamentos" judaicos é a não atribuição do discurso a um herói das origens, e que o cumprimento das promessas no futuro escatológico será efetivado por Jesus, o Filho do Homem, a quem é atribuído o discurso de despedida, e a quem todos deverão manter-se em fidelidade e vigilância.

Releitura dos mitos

Como vimos, o mais importante para a literatura apocalíptica é fazer uma teologia da história. Por isso os autores apocalípticos também recorrem aos mitos com o objetivo de retroceder e avançar no tempo, para poderem ir a um antes e a um depois da história. Nascida do caos primordial, a história é um processo unificado que "encontra seu fim em um ato decisivo, que reconduz o mundo a seu início". No mito, o começo e o fim se encontram; no "espaço" mitológico, "tudo começa e tudo termina".[11]

A perspectiva mitológica também proporciona as "viagens" às regiões celestes, ou a descrição de ambientes inferiores, como o "Hades", o "Sheol" ou as profundezas do mar.[12] Isso porque a mitologia divide o universo em três planos verticais, semelhantes aos andares de um prédio, sendo a Terra o pavimento central. Somando-se a isso, há vários elementos mitológicos na luta do bem contra o mal, como veremos adiante.

---

[10]   MALLY, Edward J. Evangelio según san Marcos. In: FITZMYER, Joseph A. (dir.). *Comentario bíblico San Jerónimo*. Madrid: Ediciones Cristiandad, 1972. t. III: Nuevo Testamento I, p. 133-139.

[11]   Ibid., p. 67.

[12]   No imaginário mitológico isto corresponderia ao que posteriormente foi chamado de inferno.

Um dos mitos mais conhecidos é a narrativa ugarítica da revolta de Shachar (a aurora): uma divindade alada (cf. Sl 139,9) que tentou ascender ao céu e subverter El, o deus chefe do panteão, mas foi lançada para o mundo subterrâneo (cf. Is 14,12-20, aplicando o mito a Nabucodonosor).[13] O Livro de Daniel reinterpreta o mesmo mito para Antíoco Epífanes (Dn 8,9-11.23-25). E vários outros escritos releem essa narrativa ugarítica, na perspectiva da queda de Satan (2En 29,3-4, Vida de Adão e Eva 12-17).

Outro mito ugarítico muito frequente é o que menciona uma batalha no céu, ou nas nuvens, segundo o qual o deus Baal vence LitanLitan, ou Leviatã.[14] Este também é citado na Bíblia (Jó 3,8)[15] e em 1Hen 60,7-8.

Posteriormente, os mitos da revolta de Shachar e o da batalha no céu foram unificados, e projetados para o fim dos tempos: "Naqueles dias, o SENHOR castigará com sua espada implacável, grande e forte o Leviatan, serpente veloz, Leviatan, serpente sinuosa, e matará o dragão (*tannin*) do mar" (cf. Is 27,1).[16]

A mesma perspectiva pode ser encontrada em Ap 12,7-9. Contudo, na apocalíptica cristã a releitura desse mito está vinculada ao texto de Ap 12,1-6, ou seja, ao "grande sinal". Os dois

---

[13] COLLINS, Adela Yarbro. The Combat Myth in the Book of Revelation, Missoula: Scholars Press, 1976. p. 81-83. BAUCKHAM, Richard. The Lion, the Lamb, and the Dragon. In: *The Climax of Prophecy;* Studies on the Book of Revelation. Edinburgh: Clark, 1993. p. 174-198.

[14] CROSS, Frank Moore. *Canaanite Myth and Hebrew Epic;* Essays on the History of the Religion of Israel. Cambridge: Harvard University Press, 1973. p. 112-144. No mito, Litan, posteriormente identificado com Yam (o Mar), tinha sete cabeças (releitura feita em Ap 12,3).

[15] Cf. Jó 40,24-32; 41,1-24; Sl 74,14; Sl 104,25-26; Is 27,1.

[16] Essas palavras de Isaías são praticamente as mesmas do mito, quando se narra o que Baal fez contra Litan. O termo hebraico *tannîn* (תַּנִּין), às vezes, é traduzido por dragão, serpente, crocodilo ou monstro.

textos narram uma luta contra o dragão: na primeira está a mulher e seu filho; na segunda Miguel e seus anjos.[17] A figura do dragão com dez chifres (Ap 12,3) é tirada de Dn 7,7.24 e significa governantes, ou melhor, o poder político terreno. O dragão quer destruir o filho da mulher porque o nascimento da criança é uma ameaça ao poder ilegítimo que o monstro exerce sobre a terra. Mas o menino foi levado ao céu, e reina sobre todo o universo, frustrando os planos do dragão. Esse dragão está com os dias contados e volta sua ira contra a mulher que ficou na terra.

Dessa forma, vê-se claramente como a releitura do mito, feita pelo *Apocalipse*, sobre uma batalha no céu, torna-se um resumo do mistério de Cristo, no qual a Igreja, antes que chegue o fim dos tempos, é alvo das investidas das forças malignas (até mesmo no âmbito político). Mas tem a certeza de que a batalha já foi vencida definitivamente quando o ser humano Jesus (e não um anjo) ascende ao trono de Deus e, com o Pai, governa a história e o universo.

Arrebatamento do vidente

A profecia foi se extinguindo pouco a pouco em Israel. O texto de 1Mc 9,27 testemunha que já havia transcorrido muito tempo "desde os dias em que tinham desaparecido os profetas".[18] Nessa situação não havia mais possibilidade de história para Israel, porquanto o povo estava sem a orientação de Deus. Isso tudo era decorrente de uma grande decepção com as profecias, que prometeram sucesso político para Israel que não se cumpriu. Por isso, dizer que os céus estavam "fechados" significava viver em tempos de perplexidade e desorientação.

---

[17] LIMA, Anderson de Oliveira. Apocalipse 12: um conjunto literário. *Perspectiva Teológica* 42 (2010) 205-226.

[18] PAUL, *O que é intertestamento*, p. 65.

"A imagem dos 'céus fechados' é, portanto, um modo de apresentar, em linguagem mítica, uma história de Israel que fracassou."[19]

Para manterem a fé e a esperança, os escritos apocalípticos usaram o recurso literário do arrebatamento do vidente à Corte Celeste. Dessa forma, apresentaram mensagens vindas diretamente de Deus, para que o povo não ficasse desorientado em tempos de perseguição. Ao lado do artifício literário *testamento de herói*, o arrebatamento foi outro modo de mostrar a continuidade da história. "Uma vez que o Espírito Santo não descia mais, ia-se até ele para escrever e assim fazer a história".[20] A expressão "sobe aqui", que na Torah significava uma ordem divina a Moisés para que fosse ao monte receber as palavras do Senhor (Ex 19,24; 24,12; 34,1-2), na literatura apocalíptica significa um mandato ao vidente para que suba às regiões celestes (Ap 4,1; 11,12).

Em contraposição aos céus fechados, a apocalíptica apresenta os "céus abertos", expressão que aparece algumas vezes no Segundo Testamento (Mc 1,10, At 7,56; Ap 4,1). O vidente era admitido à assembleia celeste, de onde via tudo a partir de cima, onde os mistérios lhe eram revelados por meio de sonhos ou de visões, geralmente acompanhados da palavra de um anjo, que os interpretava para o vidente.

Dessa feita, a Palavra de Deus não vinha mais por meio de um profeta, mas de um intermediário celeste,[21] o que dava autoridade à mensagem, porquanto ela era recebida diante do trono de Deus. Segundo Carmona, nos apocalipses a visão/

---

[19] Ibid., p. 73.

[20] Ibid.

[21] TREBOLLE BARRERA, Júlio. *A Bíblia judaica e a Bíblia cristã*. Petrópolis: Vozes, 1996. p. 535.

sonho, juntamente com sua interpretação, é um desdobramento do gênero literário *visão-explicação*, que aparece com frequência nos livros proféticos, como em Zc 1,7–6,8.[22]

Sonhos e visões

De acordo com o Livro do Eclesiastes 5,2.6, os sonhos não passam de projeções do cotidiano, ou, como se diria hoje, são manifestações do subconsciente. Mesmo assim, a Bíblia reconhece que Deus pode se utilizar do sonho para dar a conhecer a vontade divina. Às vezes, sonhar e profetizar estão em estreita relação (Dt 13,1.3.5; Jr 23,25.32). Embora se admita que a revelação por sonho seja inferior àquela recebida pela palavra profética (Nm 12,6-8).

Quando o Deus de Israel queria enviar sua palavra para algum gentio, dava a este um sonho. O significado do sonho, porém, era dado unicamente por meio de um intérprete pertencente ao povo de Israel (Gn 41,15s; Dn 2,17s). Somente os profetas recebiam visões, diferente do sonho, que qualquer um poderia receber de Deus. E assim como a visão estava para o profeta, o sonho estava para o sábio. Em 1 Henoque, os sonhos são o único meio de revelação. O Livro de Daniel, no entanto, interpreta sonhos e visões, principalmente nos capítulos 2, 4, 7, 8 e 10. Mais uma vez, demonstra-se o entrelaçamento da profecia com a sabedoria na apocalíptica.

Segundo Carmona, os sonhos e as visões nos textos apocalípticos referem-se, frequentemente, ao que está acontecendo no tempo do autor real. Outras vezes, os sonhos e as visões também estão relacionados à constituição do mundo, ou aos tempos finais da história.[23] Isso significa que estão a

---

[22] RODRÍGUEZ CARMONA, Antonio. *La religión judía;...*, p. 155.

[23] Ibid.

serviço da teologia da história, tripartida em: cósmica, presente e escatológica.

No Livro do *Apocalipse*, à maneira da apocalíptica judaica em geral, o vidente é arrebatado aos céus. E também há grande número de visões acrescidas de suas correspondentes interpretações. A especificidade desse livro do Segundo Testamento, no entanto, é sua conotação cristológica. Como exemplo, tomemos algumas visões do Apocalipse que no decorrer da história sempre receberam grande destaque na liturgia e na teologia cristã:

O Filho do Homem

Nessa visão o Filho do Homem é Cristo ressuscitado (Ap 1,12-16). Os sete candelabros representam a totalidade da Igreja, na qual ele está presente. Os líderes da Igreja são representados por estrelas bem guardadas na mão do Filho do Homem. Isso significa que a presença de Deus no mundo (antes simbolizada pelo candelabro ou *menorah*, Ex 25,31-40; Zc 4,2.11) agora se dá mediante Cristo ressuscitado na Igreja, que é cuidada e protegida contra todo mal.

O livro e o Cordeiro

O livro (Ap 5,6-12) representa a história humana. Está lacrado com sete selos, isso significa que seu sentido está inacessível. O Cordeiro é o Servo de Deus, Senhor da história, que rompe os selos e revela o que era imperceptível. O Cordeiro está imolado e de pé, é Jesus crucificado e ressuscitado.

A mulher e o dragão

A mulher (Ap 12,1-18) é a virgem filha de Sion (Sf 3,14-20), o resto fiel de Israel que dá à luz o messias. A mulher também é imagem da Igreja, perseguida por gerar o messias pela palavra do Evangelho e pelo testemunho. Ela vive alimentada e cuidada pelo Senhor, em suas lutas diárias. Sua segurança está no Filho, que ascendeu ao céu, de onde reina juntamente com Deus. O dragão é a antiga serpente, personificação de tudo o que se contrapõe à vontade divina. Ele já foi derrotado, sua ação está circunscrita unicamente à terra, porque ele não tem acesso ao céu.

A queda da grande prostituta

A queda da grande prostituta (Ap 17,1-18) está em contraposição à noiva virgem e enfeitada para o casamento. A prostituta representa o poder terreno, as instituições e governos que perseguem os cristãos ao longo da história. A prostituta recebe sua força da fera de sete cabeças e dez chifres, que são os reis da terra. "Eles vão combater contra o Cordeiro, mas o Cordeiro, Senhor dos Senhores e Rei dos reis, os vencerá, e também serão vencedores os que com ele são chamados, eleitos, fiéis" (v. 14).

A noiva do Cordeiro

A noiva do cordeiro (Ap 21,1-7) significa uma nova aliança, agora realizada por meio de Jesus Cristo, com toda a humanidade. É uma nova criação em Cristo.[24]

---

[24] O número sete simboliza a perfeição, plenitude ou totalidade. Esse número aparece em trinta versículos do *Apocalipse*. Outros números simbólicos frequentes – três e meio (tempo, tempos e metade de um tempo, Ap 12,14) – significam brevidade, em oposição ao sete, que é totalidade. O "seis" corresponde à imperfeição ou ao fracasso; "dez" é um número completo, mas limitado; "quarenta e dois meses" (Ap 11,2 e 13,5) são três anos e meio; "mil duzentos e sessenta dias" (11,3 e 12,6) também equivalem a três anos e meio; "cento e quarenta e quatro mil" (Ap 7,4; 14,1.3) são doze mil pessoas de cada uma das doze tribos de Israel, simbolizam que o Povo de Deus não foi excluído da nova aliança, ao contrário, um número quase infinito de seus membros se une à multidão que ninguém podia enumerar de todas as nações, tribos, povos e línguas (Ap 7,9).

Revelação dos segredos sobre o fim dos tempos

Na literatura apocalíptica, o autor contempla os fatos que se desenvolvem: no tempo real, o tempo presente, entre as origens e o fim dos tempos. E observa: o determinismo; o Deus escriba e o livro celeste; o pessimismo e a esperança. Analisaremos esses elementos a seguir:

O determinismo

Outro aspecto importante na apocalíptica é o determinismo. Todos os acontecimentos se desenvolvem de acordo com um plano decretado por Deus, e culminará na salvação dos justos e no castigo dos ímpios.[25] Contudo, a experiência de fé dos judeus não aceita o determinismo radical mesopotâmico, do qual ninguém poderia subtrair-se.[26] A apocalíptica deixa margem para o livre-arbítrio, dentro do plano divino. Cada pessoa pode escolher colaborar ou não com o projeto de Deus e assumir as consequências da própria decisão.

O Deus escriba e o livro celeste

Muito antes de surgirem os primeiros textos bíblicos, já havia, na Mesopotâmia, muitas lendas sobre "tábuas celestes", escritas ou ditadas por divindades, contendo o destino de homens e de deuses. Um exemplo disso é uma estela de basalto negro, na qual está o mais antigo código de leis da Mesopotâmia (datada de 1.750 a.E.C.). Na parte superior da estela há uma representação do rei Hamurabi de pé e com a mão direita elevada em atitude de súplica perante Shamash, o

---

[25] RODRÍGUEZ CARMONA, La religión judía;..., p. 159.

[26] TREBOLLE BARRERA, *A Bíblia judaica e a Bíblia cristã*, p. 535.

deus sol, sentado no trono ditando suas leis a Hamurabi, que deve escrevê-las e transmiti-las aos súditos.[27]

Sob influência mesopotâmica, as Escrituras também mencionam tábuas celestes, ou um livro que pertence a Deus ou foi escrito por ele. Primeiramente, as "Tábuas do Testemunho", recebidas por Moisés diretamente de Deus (Ex 32,15-16). Posteriormente, a literatura apocalíptica reinterpretou esse relato para justificar como Deus revelou seu plano de salvação ao vidente por meio de um livro, do qual emanam não mais as leis divinas, mas sim os segredos do destino acessíveis apenas aos iniciados.[28] Na assembleia celeste, para onde o vidente é transportado, estão as tábuas celestes e o Deus escriba (1Hen 93,2). Do vidente era esperado que retivesse o escrito e, no tempo determinado, transmitisse, sem qualquer variação, o que lhe fora revelado.

Os principais deveres a que estavam submetidos os videntes na literatura apocalíptica estão resumidos na raiz "spr" (ספר que denota "enviar", "escrever" ou "contar") e que pertence à mesma raiz de "sofer" (סֹפֵר – escriba) e de "sefer" (סֵפֶר – livro). Isso significa que não apenas Deus é apresentado como escriba, mas o vidente também o é. Além de escrever e de divulgar o escrito celeste, o vidente também estava incumbido, pela divindade, de zelar para que os decretos celestes fossem cumpridos.

No *Apocalipse*, Deus é escriba, pois tem um livro (Ap 5,1) e também o vidente é escriba, pois deve escrever (Ap 1,10-11), guardar e transmitir (Ap 22,10) o que a ele foi re-

---

[27] DELUMEAU, Jean; MELCHIOR-BONNET, Sabine. *De religiões e de homens.* São Paulo: Loyola, 2000. p. 31.

[28] PAUL, *O que é intertestamento*, p. 75.

velado sobre as coisas que vão acontecer (Ap 1,1; 4,1; 22,6). Mas o livro de Deus, o livro da história, é acessível unicamente ao Cordeiro, somente ele é digno de abrir seus lacres (Ap 5,2-7), porque ele é "aquele que é, e que era, e que há de vir" (Ap 1,8; 4,8), ou seja, aquele que condensa em si mesmo a teologia da história. É o vencedor (Ap 5,5) e testemunha fiel (Ap 1,5; 3,14).

Deus controla a história, nenhuma criatura ou situação pode impedir o triunfo definitivo do bem sobre o mal, porque este último já foi derrotado pela ressurreição de Cristo. A história é, então, o palco da redenção.

Pessimismo e esperança

Quando as profecias cessaram, a apocalíptica emergiu para projetar o cumprimento das promessas em um "século" vindouro.[29] Isso significa que havia pouca coisa a se fazer na época do autor real. Era melhor esperar o tempo determinado por Deus. Nesse sentido, a apocalíptica manifesta uma visão pessimista da realidade, tendo em vista o contexto de perseguição e de antítese das promessas de Deus.

Contudo, não se trata de um pessimismo radical, e alienado numa fuga dos problemas. Trata-se de uma visão realista, fruto de um contexto no qual pouca coisa podia ser feita. Aí entra a exigência de esperança. Os fiéis devem enfrentar as dificuldades do presente com ânimo para poderem participar

---

[29] Em hebraico usa-se o termo *'ôlam* (עוֹלָם), que quer dizer "esconder", e remete ao que está escondido no mundo, ou no tempo futuro, ou num passado distante, como uma latência. Por isso, traz a ideia de "mundo" ou de "tempo". A *LXX* o traduz por *aión* (αἰών), que tem o mesmo alcance de significado, assim como o termo latino *sæculum*.

do Reino de Deus.[30] Este mundo, que agora está nas mãos de Satan,[31] vai desmoronar numa catástrofe cósmica. Por enquanto, Deus retirou sua ajuda aos justos, os quais devem aguentar o peso da espera.

A expectativa pelo tempo futuro, no qual Deus fará justiça (1Hen 9,10; Ap 6,10-11), significa uma esperança, não mais sob o prisma das profecias de prosperidade e de sucesso político para Israel, como império mundial. Os tempos de grandes perseguições renovaram as formas tradicionais de esperança. Agora, esta se manifesta de forma escatológica: a retribuição numa vida para além da morte. Esperança no julgamento final, e o estabelecimento de um reino de justiça e de paz. Esperança em novo céu e nova terra (Ap 21,1).[32]

Para o *Apocalipse*, a esperança está na segunda vinda do Filho do Homem, o Cordeiro imolado, que vive para sempre, e na nova Jerusalém, que é o Éden restaurado (Ap 3,12; 21,2.10; 22,19.22).

Exigência de esperança para o tempo presente

A projeção da realização das promessas no fim dos tempos deu ênfase à compreensão: dos dois mundos, o presente e o vindouro; dos milenarismos; da retribuição/ressurreição; do Reino definitivo e o messias.

---

[30] RODRÍGUEZ CARMONA, *La religión judía;...*, p. 159.

[31] Satan ou satanás significa o acusador, aquele que coloca obstáculos no caminho para impedir o curso normal do andar. É nesse sentido que deve ser entendido Mt 16,23. Jesus está dizendo a Pedro para tomar lugar de discípulo, ou seja, que siga o mestre, em vez de tentar adiantar-se a ele para lhe obstruir o caminho.

[32] GRELOT, Pierre. *A esperança judaica no tempo de Jesus*. São Paulo: Loyola, 1996. p. 31.

O mundo presente e o vindouro

Para a literatura apocalíptica, há uma tensão entre dois mundos, ou dois tempos: *'ôlam hazzeh* (עוֹלָם הַזֶּה), este mundo, e o *'ôlam habbá'* (עוֹלָם הַבָּא), mundo vindouro. A morte do primeiro é a condição necessária para o surgimento do segundo (2Hen 65,6-7), o qual será qualitativamente diferente de tudo o que já se viu.[33] O tempo presente é marcado por tribulações, e o futuro será o cumprimento das promessas divinas. Nisso está a diferença radical entre os dois séculos.[34]

Nesse sentido, a época do autor real é o centro dessa tensão, e o anúncio feito pelo vidente trata a respeito do vencimento do prazo para o surgimento do mundo definitivo, sobre as ruínas do mundo atual que já começou a desmoronar.[35]

O dualismo entre os dois *séculos* é o mesmo entre o bem e o mal. No tempo vindouro, o mal já não existirá mais, terá sido totalmente vencido pelo bem. Tal dualismo escatológico é consequência de um dualismo ético opressor-oprimido, que acontece na época do autor real.

O mais importante no dualismo da apocalíptica é a fé monoteísta, unida a uma exigência de fidelidade (Ap 14,12). É porque o Deus de Israel é UM, sem rival à altura de sua majestade, que o mal não pode ser eterno, e terá um fim. O mal não é uma divindade, ele não tem acesso ao trono de Deus, e seu campo de ação é restrito à terra (Ap 12,8-9). Os justos estão convictos disso, por isso permanecerão sempre fiéis, e receberão a retribuição final.

---

[33] PAUL, *O que é intertestamento,* p. 67.
[34] RODRÍGUEZ CARMONA, *La religión judía;...,* p. 159.
[35] PAUL, *O que é intertestamento,* p. 70.

No *Apocalipse*, além da unicidade de Deus, há um novo passo no processo da Revelação: o ser humano tem acesso ao trono divino, coisa impossível para o monoteísmo judaico. Os justos reinam com Deus (Ap 4,4; 7,9), a vitória divina é a vitória deles também (Ap 17,14).

Milenarismo

O estabelecimento do mundo vindouro não acontecerá de forma imediata, mas passará por alguns estágios preliminares. Na apocalíptica judaica, esse tempo que antecede o mundo definitivo é explicitado pelo recurso do jubileu, que era o coroamento do sistema sabático. O sábado semanal assegurava o descanso para cada indivíduo. O ano sabático garantia o repouso para a terra (Lv 25,4). O Jubileu concedia descanso e restauração para o corpo político, ou seja, consistia na recuperação da igual dignidade entre todos os membros do povo (Lv 25,9). No Apocalipse Messiânico de Melquisedeque (11QMelch), o julgamento final será no nono jubileu, e no décimo será o fim e recomeço de um novo tempo, chamado Ano da Graça (11QMelch 6-9.13).[36]

Conforme o Segundo Testamento, Satan já está amarrado ou limitado antes da derrota final (Mt 12,28-29; Ap 20,1-3). Durante esse estágio – posterior à ressurreição de Cristo e antes do fim (1Cor 15,20-28) – o mundo não está à deriva, pois o Cristo reina, embora os acontecimentos terríveis causem dificuldade para se perceber isso. Para esse estágio, antes do estabelecimento definitivo da soberania de Deus, o *Apocalipse* usa a expressão "reino de mil anos" (Ap 20,4), a qual

---

[36] ANDRADE, Aíla L. Pinheiro. *À maneira de Melquisedeque;* o messias segundo o judaísmo e os desafios da cristologia no contexto neotestamentário e hoje. Belo Horizonte: FAJE, 2008. p. 159. Tese de doutorado.

tem o mesmo objetivo que os "dez jubileus" na apocalíptica judaica.[37] Ou seja, significa apenas um tempo de longa duração e não deve ser tomada em seu sentido literal.

Cristo já é Senhor sobre o mundo e a história, mas seu reinado não é algo evidente para a maioria das pessoas. Os mil anos são um símbolo da era do Cristianismo, o qual crê e celebra a soberania de Cristo que já acontece, mas ainda não é plena. Os mil anos são o tempo da evangelização e da conversão em preparação ao fim.

Retribuição/ressurreição

Foi durante a perseguição de Antíoco Epífanes que a experiência do martírio colocou, "de modo agudo, o problema da retribuição individual: os santos mortos pela fé, o que será deles?".[38] Conforme a literatura apocalíptica, Deus mesmo, empenhado na guerra contra o mal, defenderá os justos. Quem não presenciar a condenação do opressor neste mundo o verá no século futuro. Deus vingará os mártires e julgará os opressores.[39] "Muitos dos que dormem no pó da terra ressuscitarão, uns para a vida eterna, e outros para vergonha e horror eterno" (Dn 12,2). O Livro de Henoque participa da mesma opinião (1Hen 102,4).

Isso significa que tanto os justos quanto os ímpios ressuscitarão para receber a retribuição conforme os atos que

---

[37] O autor de 11QMelch parece ter se inspirado no Livro dos Jubileus, uma paráfrase dos acontecimentos bíblicos desde o Gênesis até Êxodo 12, narrados em períodos de jubileus (unidade de tempo para ciclos de 49 anos com suas subdivisões em semanas de anos, semanas de meses e semanas de dias).

[38] RADERMARKERS, Jean; GRELOT, Pierre. Ressurreição. In: LÉON-DUFOUR, Xavier et al. *Vocabulário de teologia bíblica*. Petrópolis: Vozes, 2009. c. 886.

[39] HORSLEY, Richard A. Grupos judeus palestinos e seus messias, na tardia época do segundo templo. *Concilium* 245 (1993) 31.

praticaram durante a vida (2Mc 7,30-38; Dn 12,2-3).[40] Disso se conclui que o tema da ressurreição não foi suficientemente sistematizado pelo Primeiro Testamento, porque estava em função apenas da retribuição transferida para a vida pós-morte, tendo em vista a perseverança na fidelidade em tempos de crise.

No Segundo Testamento, em Ap 20,11-15, há muitos pontos de contato com a apocalíptica judaica sobre a ressurreição dos justos e dos ímpios. Contudo, há uma insistência na universalidade do julgamento no final dos tempos: todos serão julgados (v. 12). A morte devolverá os mortos, pois será suplantada pela vida. A ênfase não é numa retribuição individual, mas na impotência da morte (Is 25,8).[41]

Há outras diferenças entre a fé cristã e a fé judaica a respeito da ressurreição. Para o Judaísmo, a ressurreição é a restauração dos mesmos corpos terrenos trazidos de volta à vida, tal como eram antes da morte (2Bar 1,2). Para o Cristianismo, a ressurreição é Cristo, Ele é nossa Páscoa (1Cor 5,7). Ressuscitamos porque Cristo ressuscitou (Rm 8,11). A esperança cristã não tem seu fundamento numa retribuição pós-morte, que se concretiza na restauração do antigo corpo, mas numa total transformação, que é uma criação de um novo corpo, espiritual, incorruptível e imortal (1Cor 15,35-53). Não saímos da morte para assistir à vingança divina contra quem nos fez o mal.

---

[40] O Targum (paráfrase aramaica do Primeiro Testamento) faz várias menções a esse modo de entender a ressurreição, como é ilustrado por esta citação: "Com o trabalho da palma de tuas mãos, comerás o alimento até que voltes ao pó do qual foste criado, porque és pó e ao pó voltarás e do pó haverás de te levantar, no Dia do Grande Julgamento, para dar conta e razão de tudo o que fizeste" (Targum de Jerusalém ou Pseudo-Jonathan a Gn 3,19). Veja também: RODRÍGUEZ CARMONA, *La religión judia;...*, p. 629-636.

[41] Cf. Os 13,14; 1Cor 15,26.54.

Saímos da morte para uma vida plena, num corpo glorioso, qualitativamente diferente da vida atual no corpo corruptível.

O Reino definitivo e o messias

Com a transferência do cumprimento das promessas para o futuro, enfocava-se mais uma era messiânica que um messias.[42] A teologia sobre um tempo de paz e de justiça surgiu com o intuito de manter a fé dos judeus perante uma situação de crise, quando a revelação da bondade e do poder de Deus parecia estar obscurecida pelos acontecimentos do período pós-exílico.

Para manter a fidelidade do povo em tempos difíceis, a apocalíptica elaborou uma teologia da história, segundo a qual Deus vencerá completamente o mal num tempo futuro e realizará uma nova criação sem as contradições e limitações do tempo presente. Há um refrão em Gn 1, após a criação de cada ser, afirmando que *Deus viu que era bom* (benéfico).

Ao comparar esse refrão com o mundo atual, nota-se que o propósito de Deus não se cumpriu de fato. Há uma contradição entre o que os seres são e o que eles deveriam ser. Essa discrepância é percebida, principalmente, por meio da escassez (fome), das enfermidades e da morte. Portanto, a esperança de Israel é que essa contradição seja superada no mundo vindouro, quando não haverá fome nem sede, nem lágrimas, e a morte será tragada (Is 25,8; 49,10). A fé de Israel espera que, no mundo vindouro, o ser humano usufrua plenamente dos frutos de seu trabalho, que haja harmonia na natureza, e vida longa e digna para todos.

---

[42] SCARDELAI, Donizete. *Movimentos messiânicos no tempo de Jesus;* Jesus e outros messias. São Paulo: Paulus, 1998. p. 21.

Mas, antes do mundo vindouro, e de uma nova criação, é necessário solucionar o problema da violência, além de realizar a libertação política dos justos, que sofrem sob grande opressão. Essa tarefa caberá a uma figura redentora, identificada posteriormente como o messias. Essa teologia parece ter sido herdada do ambiente mesopotâmico, como também o foi a etimologia do termo *mashiar* (מָשִׁיחַ – ungido). Esse vocábulo vem do aramaico, e significa ungido com *meshar* (מְשַׁח – óleo). Era usado na Mesopotâmia para designar o representante do povo diante da divindade e para, em nome do deus local, exercer o sacerdócio, o governo, ou a batalha, em favor do povo.

No Judaísmo tardio, o termo *mashiar* denota uma figura cujo advento está no tempo futuro. Assim, o emprego da palavra messias implica considerar uma alusão à escatologia. O messias virá com a finalidade de tornar possível o mundo vindouro, encarnando em si mesmo e tornando efetivas as perspectivas do grande *aion* (αἰών) escatológico. Em uma palavra, o ungido deveria engendrar e dar à luz "o mundo que deve ser". Então, a espera por uma figura messiânica não se constituiu uma novidade em termos de doutrina, mas um desenvolvimento da crença em uma *era de paz* ou *Reino de Deus*.

Na apocalíptica, o messias foi identificado com o "filho do homem" (1Hen 48,10; 52,4) e estava associado profundamente ao julgamento divino (Dn 7). Ele virá em função da "restauração de todo o povo para uma vida independente, sob seu divino rei",[43] ou seja, para a soberania ou Reino de Deus.

No *Apocalipse*, espera-se a segunda vinda do messias Filho do Homem, identificado com Jesus de Nazaré (Ap 22,12-17). A história da salvação se consumará no retorno triunfal do messias Jesus, que voltará em breve.

---

[43] Cf. HORSLEY. Grupos judeus palestinos e seus messias..., p. 31.

Sugestão de atividade

Ler o texto de 1Hen 41 e listar os elementos constitutivos da apocalíptica que estejam presentes no texto:[1]

[1]Depois disso, vi todos os segredos do céu, como o reino está dividido e como os atos dos homens são pesados na balança.

[2]Vi lá, a morada dos eleitos e o lugar de repouso dos santos; e meus olhos viram todos os pecadores que negaram o nome do Senhor dos Espíritos, expulsos daí e arrastados para fora. Não conseguiram permanecer por causa do castigo enviado pelo Senhor dos Espíritos.

[3]E lá meus olhos viram o segredo dos relâmpagos e dos trovões, o segredo dos ventos, como são distribuídos para soprar sobre a terra, o segredo das nuvens e do orvalho; vi donde saem e como vão saturar a poeira do solo.

[4]Vi os armazéns fechados donde são distribuídos os ventos, o armazém do granizo, da neblina, das nuvens, e daquela nuvem que ficou pairando sobre a terra desde o início do mundo.

[5]Vi os aposentos do sol e da lua, donde saem e para onde voltam e seu glorioso retorno, e porque um é mais honrado do que a outra, sua carreira magnífica, e como nunca faltam, nem acrescentando, nem diminuindo qualquer parte de sua carreira e como ficam fiéis um ao outro, observando seu juramento mútuo.

[6]O sol sai primeiro e completa sua jornada ao mandamento do Senhor dos Espíritos e seu nome permanece para sempre.

[7]Depois dele, a lua começa sua viagem escondida ou manifesta; ela viaja nesse lugar de dia e de noite. Um fica em frente da outra perante o Senhor dos Espíritos. Dão graças e louvam sem cessar, porque sua ação de graças é um repouso para eles.

[8]O sol brilhante realiza muitas voltas, para a bênção ou para a maldição, e o roteiro da viagem da lua é luz para os justos, mas treva para os pecadores, em nome do Senhor que criou a divisão entre a luz e a escuridão e dividiu os espíritos dos homens e estabeleceu os espíritos dos justos, em nome de sua justiça.

[9]Nenhum anjo e nenhuma autoridade é capaz de barrá-lo, porque o Juiz vê a todos, e os julga a todos na sua presença.[2]

---

[1]   O livro conhecido como 1Hen foi redigido por várias pessoas durante três séculos. O capítulo 41 faz parte de um bloco mais recente. Trata-se do Livro das Parábolas (ou do Messias, ou do Reino). Pertencem a esse bloco os capítulos 37-71 do 1Hen e sua redação, conforme a maioria dos estudiosos, é posterior a 63 a.E.C. CORRIENTE, Federico; PIÑERO, Antonio. Libro I de Henoc (etiópico y griego). In: DÍEZ MACHO, Alejandro (ed.). *Apócrifos del Antiguo Testamento*. Madrid: Ediciones Cristiandad, 1984. t. IV, p. 13-143.

[2]   Texto transcrito de: TILLESSE, Caetano Minette de (trad.). Extracanônicos do Antigo Testamento. Volume I. *Revista Bíblica Brasileira*, número especial 1-2-3 (1999) 189.

Capítulo 3
Os textos apocalípticos judaicos

O Judaísmo pós-exílico era constituído de diferentes grupos, escolas de sabedoria, movimentos apocalípticos e messiânicos. A profecia tinha cedido lugar à reflexão sobre as tradições do povo e sobre os textos bíblicos que já existiam. A revelação agora vinha de forma indireta, como resultado de um exercício da razão humana guiada por Deus.

Da profecia a apocalíptica herdou as visões enigmáticas, a mensagem envolta em símbolos e a palavra inspirada, que fornece a chave para o desvelamento da mensagem. Com sabedoria, a apocalíptica tem em comum a compreensão sobre a história a partir de uma meditação das tradições vivas do povo em sua relação com Deus. A razão humana, iluminada pelo mesmo Espírito que agiu na criação e nos profetas, tirava orientações divinas pela contemplação da natureza e do agir de Deus na história e, dessa forma, orientava as pessoas que se interrogavam pela resposta divina para os novos desafios.

Escritos da apocalíptica judaica

Enquanto durou a dominação persa (538-333 a.E.C.), houve pouca coerção política e cultural sobre os judeus, e estes tiveram permissão para viver segundo suas tradições religiosas, culturais e legais, sob a tutela do regime imperial. A atividade principal dos escribas era a interpretação da Torah, com vistas à sua aplicação na vida cotidiana.

Durante a dominação helenística (333-63 a.E.C.), a elite sacerdotal manteve-se na mesma situação privilegiada e, além disso, outros fatores entraram em ação. Houve um distanciamento da herança religiosa e cultural dos antepassados e padrões helenísticos gerais substituíam progressivamente a ética baseada na Torah. Os sacerdotes, antes considerados verdadeiros mediadores entre Deus e o povo e defensores tradicionais da Torah, coligaram-se com os dominadores estrangeiros (2Mc 4,14-15).[1] Aqueles que não concordaram com esse estado de coisas foram perseguidos. O imperador Antíoco IV Epífanes proibiu a religião judaica e decretou uma perseguição a todos que não aderissem à reforma helenista da cultura e da religião. Foi nessa época que surgiu a literatura judaica apocalíptica propriamente dita.

a. Canônicos[2]

Primeiramente, vamos considerar os textos canônicos da apocalíptica judaica, isto nos orientará para os aspectos essenciais da revelação progressiva de Deus na história.

O Apocalipse de Isaías: 24-27

Estes capítulos são um acréscimo do século V a.E.C. ao Proto-Isaías (Is 1-39). Este conjunto foi cunhado pelos estu-

---

[1] HORSLEY, Richard A.; HANSON, John S. *Bandidos, profetas e messias;* movimentos populares no tempo de Jesus. São Paulo: Paulus, 1995. p. 8-9.

[2] Para este estudo utilizo, de maneira geral, os comentários bíblicos de: FITZMYER, Joseph A. (dir.). *Comentario bíblico San Jerónimo*, Madrid: Ediciones Cristiandad, 1971. t. I e II: Antiguo Testamento. GUIJARRO OPORTO, Santiago; SALVADOR GARCÍA, Miguel (ed.). *Comentario al Antiguo Testamento*. Estella: La Casa de la Biblia, 1997. v. 2: Profetas.

diosos de *Apocalipse de Isaías*, pois, embora não apresentem todos os elementos da apocalíptica (como sonhos e visões com explicações), influenciará os apocalipses posteriores, principalmente o Primeiro Livro de Henoque. O tema principal é o juízo final e a vitória de Deus, celebrada em um banquete sobre a montanha do SENHOR. A descrição de tais acontecimentos é entrecortada por hinos de súplicas e de ação de graças.

O Apocalipse de Isaías está assim estruturado:

- *A. Cidade devastada (Is 24,1-23):* Nos vv. 1-6, por sete vezes se menciona a palavra terra, que aqui significa primeiramente Israel, por causa da menção à transgressão da *Torah* (v. 5). Mas, em seguida, o sentido se torna mais amplo e refere-se ao mundo inteiro (v. 19). O mundo voltará ao caos primordial, há uma alusão a um novo dilúvio (v. 18, Gn 7,11). Na cosmovisão antiga, o que mantinha o mundo organizado era a separação entre águas e terra firme. O caos é o retorno à situação inicial, quando as águas cobriam tudo. Os corpos celestes, que frequentemente eram adorados como deuses, ficarão envergonhados na presença do Senhor que reina (v. 23). Isso tudo está relacionado a eventos históricos: o julgamento contra os reis da terra e a prisão deles (vv. 21-22). Mas um resto permanecerá para louvar o Senhor, são como uvas ou olivas que caem no chão durante a colheita (vv. 13-16). Esses terão participação no Reinado de Deus, pois serão os anciãos a contemplar o Senhor, entronizado em sua majestade real (v. 23).

- *B. Banquete divino (Is 25,1–27,1):* em contraste com a ausência do mosto, do vinho etc. no bloco anterior, nesta passagem se enfatiza a imagem de um banquete divino como símbolo de eterna felicidade. A morte será destruída para sempre (v. 8). Alguns aspectos merecem destaque: a montanha como lugar do banquete (Is 25,6.10a); a presença de uma multidão de povos e nações (Is 25,6-7) e a transformação do sofrimento em alegria (Is 25,7-8). Em vez de guerras, o banquete promove uma reconciliação universal em Jerusalém, no banquete divino. "O texto sugere que somente pela participação no banquete se criam as condições necessárias para a eliminação da morte e de suas tradicionais companheiras, a dor e as lágrimas."[3] Por fim, será destruído Leviatã, a serpente sinuosa, monstro dos mitos antigos, que depois foi transformado em símbolo das forças contrárias à soberania de Deus (27,1).

- *A'. Cidade fortificada (Is 27,2-13):* símbolo do povo de Israel, que será como uma vinha frondosa a cobrir o mundo inteiro. Para isso, é necessário o regresso triunfal dos judeus dispersos, o que se dará no último dia, ao som de uma trombeta que reunirá os escolhidos. Uma reflexão sobre o significado dos sofrimentos de Israel aponta para o castigo divino, por causa da idolatria. Dessa forma, Israel deve retirar de seu meio todos os elementos dos cultos idolátricos como condição para a reunião dos dispersos.

O Pequeno Apocalipse: Is 34-35

Esses dois capítulos são, provavelmente, dos finais do século VI e inícios do século V a.E.C. Escritos em tom apocalíptico, tratam de dois temas: a volta ao caos inicial como castigo aos inimigos (capítulo 34) e a restauração do mundo em favor dos justos (capítulo 35).

---

[3] SIMIAN-YOFRE, Horacio. Isaías. In: GUIJARRO OPORTO (ed.). GUIJARRO OPORTO, Santiago; SALVADOR GARCÍA, Miguel (ed.). *Comentario al Antiguo Testamento.* Estella: La Casa de la Biblia, 1997. v. 2: Profetas, p. 61.

Primeiramente, anuncia-se o julgamento divino, com uma solene convocação das nações e a condenação de Edom, protótipo de todos os inimigos de Israel (Is 63,1-6; Am 1,11-12). O castigo deles é descrito com as características tradicionais da "guerra santa": matança de todos os inimigos, desolação da terra, invasão de animais selvagens e de criaturas mitológicas (Is 34,1-17). A terra será transformada em um deserto de enxofre e breu (34,9-10), clara alusão à destruição de Sodoma e Gomorra. Trata-se também de um julgamento cósmico, os astros serão dissolvidos (34,10), serão instaurados o caos (abismo, em hebraico: *tohû* – תֹהוּ) e o vazio (em hebraico: *bohû* – בֹּהוּ). Esses termos descrevem a situação antes da criação (Gn 1,2).

Menciona-se o *Livro do Senhor* (Is 34,16), no qual estão escritas as espécies de animais selvagens que ocuparão o território de Edom, transformado em deserto (caos).

A seguir, vem o grito de júbilo por causa da restauração (capítulo 35), totalmente em contraste com o capítulo precedente: "[...] águas vão correr no deserto, rios na terra seca" (Is 35,6). Trata-se de uma nova criação. Os que mais sofreram serão os primeiros a participar das bem-aventuranças: os que estavam com os braços cansados, aqueles com os joelhos vacilantes, os cegos, os surdos, os aleijados, os mudos (Is 35,3-6). Há uma ausência de animais selvagens (Is 35,9), simbolizando uma harmonia na criação. A felicidade será completa, não haverá dor e tristeza (Is 35,10).

Novos céus e nova terra: Is 65-66

No pós-exílio houve tensões, principalmente entre os dois principais grupos. Os repatriados, portadores do poder político e econômico, diziam ter-se purificado através do exílio, sendo, portanto, o autêntico povo do Senhor. Por isso desprezavam os residentes, os que haviam ficado na terra, acusando-os de idolatria e de enriquecimento ilegítimo com as propriedades dos deportados. Os residentes, por sua vez, acusavam os repatriados de terem contaminado a fé ao terem contato com culturas estrangeiras e de estarem preocupados, apenas, em reconstruir o Templo como fonte de poder político, desprezando a ética das tradições dos patriarcas. O Terceiro Isaías (Is 56-66) é reflexo dessas tensões e encontra-se entre o conservadorismo restauracionista e a utopia apocalíptica, tentando encontrar soluções apoiando-se nas tradições proféticas, principalmente nas que estão vinculadas a Isaías.[4]

Os capítulos 65 e 66, de cunho apocalíptico, referem-se ao julgamento final e à nova criação. Começam denunciando os pecados do povo rebelde, que provoca Deus sem cessar (Is 65,3). A rebeldia se constitui idolatria e falsa santidade (Is 65,3-7) e será julgada em breve (Is 65,6-7). A princípio, a ameaça de Deus contra os rebeldes parecia condenar todos, mas logo é feita uma distinção: não se trata de reprovar os gentios e aprovar o povo da aliança, mas sim de separar o falso do verdadeiro servo, o pecador do justo. Deus não condenará todos (Is 65,8), os verdadeiros servos, os eleitos, serão destinatários das bênçãos de felicidade, prosperidade, saúde e longevidade e paz universal (Is 65,13-14a; Is 19-24). O rebelde será transformado em símbolo de maldição (Is 65,15). As bênçãos culminarão numa nova criação, o mundo não será destruído, mas transformado, com a criação inteira sendo atingida pela redenção do ser humano (65,25a). Haverá "novo céu e nova terra" (Is 65,17; 66,22). Essa expressão influenciará os

---

[4]   Ibid., p. 33-34.

textos apocalípticos futuros.[5] Três vezes aparece o verbo criar, em hebraico: "bara'" (ב רא — Is 65,17.18), o mesmo verbo usado nos relatos da criação dos capítulos 1 e 2 do Gênesis.

O capítulo 66 começa com duas objeções de Deus para a reconstrução e o uso do Templo de Jerusalém: se tudo foi criado pelo Senhor, por que se reserva apenas um lugar para a adoração? Sem contar que o culto nem sequer é puro, já que o mesmo que sacrifica é assassino e idólatra.[6] O advento do mundo novo é descrito com as imagens de uma mulher em trabalho de um parto súbito (Is 66,7-9). Esse nascimento do povo messiânico exercerá grande influência na literatura posterior, como, por exemplo, em 2Esd 9-10. Todo o vocabulário empregado em Is 66,7-8.11-13 está relacionado com a maternidade: mãe e filhos, dar à luz, nascer, dores de parto, útero, peito, amamentar e mamar. Jerusalém personificada é uma mãe tornada fecunda pelo Senhor, que abre seu útero para multiplicar seus filhos e fazê-los vigorosos.[7] Novamente, o castigo é anunciado para os idólatras (Is 66,15-17). E a misericórdia divina significa a reunião de todas "as nações e línguas" (Is 66,18; Ap 7,9; 11,9). Uma procissão triunfal vindo dos quatro pontos cardeais confluirá para Jerusalém (Is 66,18-19), todos os povos trarão oferendas (v. 20) e serão feitos sacerdotes do Senhor (v. 21).

O combate contra Gog: Ez 38-39

O profeta Ezequiel, durante o exílio da Babilônia, tinha assegurado que Deus usava as nações inimigas como instrumento para castigar a infidelidade de Israel. No pós-exílio,

---

[5]   Cf. 2Esd 6,16; 7,30ss; 2Bar 32,16; 1Hen 91,16; Ap 21,1.

[6]   Ibidem, p. 102-103.

[7]   Ibid., p. 103.

os discípulos desse profeta ou os redatores finais do seu livro completaram seu pensamento afirmando que no fim dos tempos (Ez 38,16) Deus destruirá as nações que antes havia usado como instrumentos da ira divina para castigar o povo da aliança.

O texto de Ez 38-39 não é propriamente um apocalipse, embora possua muitos traços dessa literatura (Is 24-27).[8] Trata-se de um discurso de consolação, pois revela um futuro no qual os sofrimentos do tempo presente darão lugar à vitória total de Deus sobre os povos inimigos.

O relato inicia apresentando o misterioso Gog, que no fim dos tempos vai liderar as nações (Ez 38,5-12; 39,1-4) contra Jerusalém (3Hen 45,5) e será derrotado, não por exércitos humanos, mas sim pelo próprio Deus. O termo Magog, a princípio, parece referir-se a um país (Ez 38,2); uma leitura mais atenta do texto mostra, contudo, que se trata de uma coalizão de povos, cujo líder é Gog. Em hebraico "magog" (מגוג) significa apenas "lugar de Gog", mas os sábios judeus, ao substituírem cada letra da expressão *gog wemagog* (גּוֹג וּמגוֹג – Gog e Magog) por seu valor aritmético, obtiveram o número 70, equivalente a todas as nações, conforme a lista de Gn 10.[9]

Para compor a personalidade de Gog como conquistador bárbaro, foram utilizados os traços de vários líderes inimigos de Israel. Conclui-se, portanto, que Gog e Magog constituem um simbolismo com o objetivo de representar um conjunto de poderosos inimigos presentes e futuros. Na literatura pos-

---

[8] Cf. Is 34-35; 65-66; Jl 3-4; Dn 7-12.

[9] KLAUSNER, Joseph. Messiah ben Joseph and the War with Gog and Magog. In: *The Messianic Idea in Israel from Its Beginning to the Completion of the Mishnah.* Nova York: Macmillan, 1955. p. 483-501.

terior, Gog foi compreendido como antimessias ou anticristo (Ap 20,8).[10]

A derrota de Gog é acompanhada de uma teofania (Ez 38,20-23) e tem como finalidade a manifestação da glória de Deus sobre as nações (Ez 38,16.23; 39,6-7.21-22.28) e a restauração do povo de Israel, que viverá numa paz estável (Ez 39,25-29). A derrota será total. Isso é mostrado através de três imagens: a queima das armas que não terão mais utilidade (Ez 39,9-10); o nome de *Vale de Hamon-Gog* (Vale da horda de Gog) dado a uma região, para que sirva de recordação perpétua do acontecimento (Ez 39,16); e o convite feito às feras para um banquete sacrifical, com os restos mortais dos exércitos destruídos (Ez 39,17-20). Trata-se da lei de talião: Deus fará com os inimigos os que eles fizeram com Israel.

As visões de Zacarias: 1,7–6,8

Escritas entre 520 e 518 a.E.C., quando o povo estava desanimado porque seus sonhos de um reino messiânico, de prosperidade e paz, não estavam se concretizando. Zacarias proclama suas visões, no mais puro estilo apocalíptico, para assegurar o cumprimento das promessas divinas num tempo futuro. Há um avanço no que se refere à mediação de anjos e de demônios. Isso significa que Deus estava sendo compreendido cada vez mais como transcendente. Há uma forte presença de universalismo nesses textos. As nações buscarão o favor do Senhor (Zc 2,15; 8,21-22). Muitos de seus temas foram retomados pelo *Apocalipse*: os quatro cavaleiros (Zc 1,7-10; Ap 6,1-8); a medição de Jerusalém (Zc 1,16; Ap 11,1-2) e as duas oliveiras e os candelabros (Zc 4,1-3.11-14; Ap 11,4-10).

---

[10] Ibid.

A primeira visão acontece no início de 519 a.E.C., quando Dario I governava o Império Persa. Quatro cavaleiros (anjos inspetores) percorrem a terra (Zc 1,7-17). Ao finalizar sua missão, constatam que o mundo repousa tranquilo. Essa calma era a causa de grande perturbação nos judeus, que esperavam a irrupção do reino messiânico em meio a grandes cataclismas e guerras. Uma época de tranquilidade significava que o Império Persa estava consolidado e que Deus não cumprira suas promessas de sucesso político para o povo da aliança. A medição da cidade tem objetivo de restauração e significa que o Senhor tem compaixão de Israel e vai reconstruir o Templo e Jerusalém. Num futuro próximo, Deus realizará todas as suas promessas.

Depois se dá a segunda visão (Zc 2,1-4), que contempla quatro chifres e quatro ferreiros (artífices). Os chifres simbolizam o poder, são os inimigos do Povo de Deus, o número quatro são os quatro pontos cardeais, ou seja, a universalidade. Os artífices são os agentes destruidores, vindos da parte de Deus para combater essas nações. Na literatura posterior, os artífices foram identificados como quatro messias ou aspectos do messias.[11]

Em seguida vem a terceira visão (Zc 2,5-17), sobre a nova Jerusalém a ser reconstruída por Deus, que ali fará sua morada, como nos tempos de Moisés, quando a glória do Senhor se manifestava por meio da nuvem e da coluna de fogo. A cidade não terá muralha, porque seus limites serão ampliados para poder acolher grande multidão e também porque não precisará de proteção devido à consolidação da paz. Pela primeira vez, na Bíblia, aparece a expressão "terra santa" (v. 16).

---

[11] MITCHELL, David C. The Fourth Deliverer: A Josephite Messiah in 4Q testimonia. *Bíblica* 86 (2005) 545-553.

A quarta visão trata da investidura do sumo sacerdote Josué (Zc 3,1-10). O anjo do Senhor preside uma corte celeste de justiça, na qual se encontra Josué com as vestes sujas, acusado por Satan, inimigo do homem (e não de Deus). Isso significa que o sumo sacerdote carrega sobre si as culpas de todo o povo. Não se trata de uma impureza ritual, mas de uma responsabilidade moral. Suas roupas são trocadas e ele recebe a coroa sacerdotal.

Depois disso, a quinta visão contempla o candelabro e as duas oliveiras (Zc 4,1-14). A "menorah" (o candelabro) significa a presença de Deus no mundo. Duas oliveiras lhe proporcionam o óleo para acender suas sete lâmpadas. Elas simbolizam os instrumentos de Deus no exercício do poder sacerdotal e real.

A sexta visão versa sobre um livro (rolo) que voa (Zc 5,1-4) e tem seu comprimento e largura equivalente ao pórtico do Templo (Zc 5,2; 1Rs 6,3). O livro contém as maldições próprias da aliança (Dt 28,15-46) e expressam o julgamento de Deus sobre as injustiças sociais em todos os recantos do mundo.

Em seguida, a sétima visão contempla a mulher e o alqueire (Zc 5,5-11). A mulher sobre o alqueire é a iniquidade expulsa da terra prometida, que será purificada completamente da maldade. A iniquidade se tornará uma divindade adorada onde é seu lugar apropriado, ou seja, a Babilônia, símbolo do mundo pagão.

Por fim, a oitava visão, sobre os quatro carros (Zc 6,1-8). São os mesmos quatro cavaleiros da primeira visão ou os quatro ventos. Eles percorrem toda a terra, mas se detêm, principalmente, na terra do norte (Babilônia) e na terra do sul (Egito), os grandes inimigos de Israel. Essas quatro figuras levam a presença de Deus para purificar, castigar, salvar e revitalizar.

O novo tempo e o Dia do Senhor: Jl 3-4

Joel vê o cumprimento do que Moisés desejou para todo Israel, que cada um ficasse pleno do Espírito Santo, sem distinção de classe social e religiosa (Jl 3,1-2; Nm 11,29). Esse acontecimento significa uma renovação interior de todas as pessoas e que ninguém dependerá de um intermediário nas suas relações com Deus. O povo inteiro será convertido em comunidade carismática, ungida, profética. O derramamento do espírito repetirá os sinais teofânicos (Jl 3,3) do tempo da peregrinação no deserto: sangue (Ex 24,4-8), fogo e coluna de fumaça (Ex 13,21-22; 19,16-18). Além disso, acontecerá durante uma intervenção de Deus que abalará o cosmos (Jl 3,4), o sol e a lua, que recebiam adoração no mundo gentílico, ficarão apagados, mesmo porque seu curso normal não será mais necessário no mundo novo.

A suposta universalidade do derramamento do Espírito, como foi entendida por At 2,17-31 e Rm 10,12-13, não estava na mente de Joel. O Dia do Senhor trará benefícios aos judeus, até mesmo da Diáspora, e o castigo da dispersão para as demais nações (4,8). Será um dia de julgamento, Deus mesmo será o juiz e o acusador (Jl 4,1-8). Tudo começará com uma guerra. Com forte ironia, o texto afirma que o Senhor instiga as nações com seus deuses, para que entrem num combate contra o povo da aliança (Jl 4,9-14). O Senhor solta um rugido desde Sião, que abala a terra e faz tremer o céu. Os inimigos, representados pelo Egito e por Edom, serão um deserto (v. 19). Nenhum estrangeiro passará por Jerusalém (v. 17), que será como o paraíso do Éden, uma terra fértil e habitação do Senhor para sempre (Jl 4,18-21).

Daniel

O livro apocalíptico canônico por excelência do Primeiro Testamento. Escrito por um grupo de judeus, em torno de um mestre, cognominado Daniel,[12] que, inspirados pela esperança, produziram essa literatura por volta de 164 a.e.C., durante a perseguição de Antíoco Epífanes, mas com os acontecimentos estrategicamente transportados para uma época anterior, o tempo do exílio da Babilônia. "Tu, Daniel, guarda em segredo estas palavras e sela o livro até o tempo do fim; muitos o lerão, e ampliarão seu conhecimento" (Dn 12,4).

Neste livro a narração sobre o exílio babilônico é muito imprecisa e a descrição das cortes, babilônica e persa, é muito superficial. Além disso, os nomes dos reis e das nações às quais pertencem, bem como as datas, estão trocados, não correspondem às pesquisas históricas, nem mesmo às informações presentes em outros textos bíblicos. Também as noções sobre os anjos não são da época do exílio, mas do período persa. Isso mostra que o livro não tem intenção de dar informações históricas a respeito da dominação babilônica, mas de suscitar a resistência do povo em época de perseguição.

A narrativa começa com o exílio da Babilônia, em que alguns jovens pertencentes às famílias nobres judaicas são educados na sabedoria babilônica, com o objetivo de servirem ao rei. São eles: Daniel (Baltassar), Ananias (Sidrac), Misael (Misac) e Azarias (Abdênago). Todos têm os antigos nomes judaicos substituídos por nomes babilônicos (Dn 1,1-21).

A narrativa segue com o rei Nabucodonosor sonhando com uma estátua feita de quatro metais, numa escala de valor

---

[12] Certo Daniel é citado em Ez 14,14.20, ao lado de outros dois heróis populares: Noé e Jó.

61

decrescente: ouro, prata, bronze, ferro/argila. Daniel interpreta o sonho, afirmando que os quatro metais simbolizam a sucessão dos impérios históricos: a cabeça de ouro representa o império neobabilônico, peito e braços de prata é o reino medo, ventre e coxas de bronze significam o império persa, as pernas de ferro simbolizam o império grego de Alexandre, os pés de ferro/argila representam a divisão do reino de Alexandre entre Ptolomeus e Selêucidas. A pedra que cai sobre os pés da estátua é o reino messiânico, que esmaga o império selêucida (Dn 2,1-49).

Depois disso, Nabucodonosor mandou fazer uma estátua de ouro, à qual os dignitários do reino devem adorar na cerimônia de inauguração. Os quatro jovens se recusam e são lançados em uma fornalha ardente, mas saem ilesos por causa da proteção divina (Dn 3,1-30). Nabucodonosor tem novo sonho, que prevê um tempo em que o rei estará louco e depois será curado, conforme a interpretação de Daniel (Dn 3,31–4,34).

Sobe ao trono o filho de Nabucodonosor, Baltazar, que durante uma festa usa os utensílios do Templo de Jerusalém. Nesse momento o rei tem uma visão de sua ruína, conforme a interpretação de Daniel. A previsão acontece e o rei é assassinado na mesma noite (5,1–6,1).

Depois de Baltazar é a vez de Dario, que, instigado pelos inimigos de Daniel, decreta uma proibição de se adorar qualquer deus durante trinta dias. Daniel desobedece e é lançado aos leões, que nada lhe fazem. Dario reconhece o milagre e exige que todos adorem o Deus de Daniel (Dn 6,2-29).

Enfim, apesar de todas as dificuldades, quem é justo e reto sempre sai ileso, e o império opressor tem de reconhecer o poder do Deus de Israel. Tudo gira em torno da guerra entre o império opressor e o povo eleito (o povo dos santos do Altíssimo); todas as nações da terra se fazem presentes; o império celeste destruirá o império terrestre opressor, reinará sobre ele, e o seu reino não terá fim.

No capítulo sete (1-28), principal trecho da obra, Daniel sonha com quatro animais terríveis, que saem do mar e representam quatro impérios: o animal semelhante a um leão (v. 4) simboliza a Babilônia; o semelhante a um urso (v. 5) é um símbolo para a Média; semelhante a um leopardo (v. 6), significa a Pérsia; o último animal é uma fera medonha (v. 7a), simboliza o reino de Alexandre Magno. Esse animal era diferente porque possuía dez chifres (v. 7b), que são os reis selêucidas. Além disso, aparece um décimo primeiro chifre pequeno, com olhos e boca arrogantes (v. 8a), o qual representa Antíoco IV Epífanes. O chifre pequeno destrói outros três chifres (v. 8b) que são os reis vencidos por Epífanes: Ptolomeu IV (Filometor), Ptolomeu VII (Evergetes) e Artaxerxes. O quarto animal foi morto (v. 11) e, embora os três primeiros "recebam um prolongamento de vida", eles são, contudo, inofensivos (v. 12). Há um interlúdio a partir do v. 9, quando o tribunal celeste abre uma sessão solene.

Nos versículos 13 e 14, é descrito o reino do *filho do homem*, alguém que se parece humano em oposição aos quatro anteriores, que parecem animais. O ancião simboliza Deus, que garante a perenidade do reino do *filho do homem*.

Continuando a narrativa, Daniel tem a visão do carneiro com dois chifres e um bode. O anjo Gabriel explica-lhe a visão: o carneiro era o rei dos medos e dos persas, e o bode simbolizava o rei da Grécia (Dn 8,1-27).

Depois do governo de Dario, a narrativa descreve o reinado de Xerxes, o medo. Nesse tempo, Daniel procura o significado dos setenta anos para a restauração de Jerusalém, conforme a profecia de Jeremias (Jr 25,11s; 29,10). O anjo Gabriel explica que não se trata de setenta anos, mas de setenta semanas de anos (Dn 9,1-27).

Na época de Ciro, rei da Pérsia, Daniel tem uma nova visão: um homem vestido de linho, a quem um anjo dá explicações sobre o que está escrito no "Livro da Verdade" a respeito do governo dos Ptolomeus e dos Selêucidas, sobre Antíoco IV Epífanes e sobre o destino final do Povo de Deus (Dn 10,1–12,13).

Daniel deixou, não somente na apocalíptica posterior, mas nas Escrituras em geral, uma herança singular.[13]

b. Apócrifos

Há muitos outros textos apocalípticos que não fazem parte do cânon. Devido ao propósito deste fascículo, abordaremos somente os principais representantes dessa literatura.

Livro etiópico de Henoque[14]

Escrito entre os séculos II a.E.C. e I E.C., originalmente em hebraico, mas conservado na versão etíope e grega. Henoque é mencionado em Gn 5,24 e Sir (Eclo) 44,16. É o sétimo patriarca antes do dilúvio, daí a sua grande importância. O livro é composto por cinco partes, após uma introdução (Hen 1-5), divididas a partir das mais antigas para as mais recentes:

---

[13] PAUL, André. *O que é intertestamento.* São Paulo: Paulus, 1981. p. 64. (Cadernos Bíblicos, 10.)

[14] TILLESSE, Caetano Minette de (trad.). Extracanônicos do Antigo Testamento. Volume I. *Revista Bíblica Brasileira,* número especial 1-2-3 (1999), 154-164.

- *Livro dos vigilantes (Hen 6-36):* menciona a queda dos anjos (vigilantes) que foram atraídos pela beleza das mulheres na terra. Henoque tem a missão de anunciar o castigo deles. Henoque tem uma visão integral do universo segundo a divisão tripartida em céu, terra e inferno.

- *Livro das parábolas (Hen 37-71):* narra três parábolas com suas implicações. O *filho do homem* é bastante mencionado nesta seção. A partir do capítulo 65 até o 69, há uma reprise do apocalipse de Noé, que também aparece nos capítulos 10 e 11. Isso mostra que o processo de composição de 1Henoque foi fruto de muitas redações ao longo dos séculos.

- *Livro da astronomia ou Tratado das revoluções dos luzeiros celestes (Hen 72-82):* o arcanjo Uriel revela a Henoque os ciclos do sol, da lua e dos doze ventos e como esses ciclos sofreram uma mudança por causa dos pecados da humanidade.

- *Livro dos sonhos (Hen 83-90):* o primeiro sonho descreve o dilúvio e o segundo apresenta a história do mundo, desde a criação de Adão até o reino messiânico no fim dos tempos, com o julgamento dos anjos decaídos, dos judeus apóstatas e dos inimigos de Israel. Também descreve a nova Jerusalém e a conversão dos gentios. O trecho formado pelos capítulos 85-90, que descreve o segundo sonho, é chamado de *apocalipse dos animais*. Vários personagens históricos são representados por animais, até mesmo o messias, o qual é simbolizado por um touro branco (segundo Adão) em 1Hen 90,37-38.

- *Epístolas de Henoque (Hen 91-105):* Henoque exorta os filhos dele, e os íntegros em geral, a trilharem o caminho da virtude. O *Apocalipse das Semanas* (Hen 93,1-10) é uma releitura da história da terra em ciclos semanais, totalizando dez semanas. Esse trecho está deslocado, seu contexto original é após Hen 91,10.

O Primeiro Livro de Henoque conclui (Hen 106-108) com uma exortação sobre o castigo dos pecadores e a recompensa dos justos.

Testamento (ou Assunção) de Moisés[15]

Obra datada do ano 3 a.E.C. a 30 E.C., de ambiente farisaico, escrita originalmente em hebraico ou aramaico e preservada na versão latina. Contém uma profecia de tipo apocalíptico, a qual Moisés escrevera e legara a seu sucessor, Josué. Narra a história do Povo de Deus, desde sua entrada em Canaã até o fim dos tempos, incluindo a época do autor real. No capítulo seis, o autor faz um resumo da vida, incluindo a morte do rei Herodes. Várias esperanças messiânicas da época de Jesus estão presentes nesta obra, porque refletem o mesmo contexto histórico no qual viveu o verdadeiro autor.

O Apocalipse siríaco de Baruc[16]

Obra de ambiente farisaico, datada provavelmente de 75-100 E.C., escrita originalmente em hebraico ou aramaico e preservada nas versões grega e siríaca. É uma obra de inspiração messiânica e escatológica. A questão de fundo que atravessa toda a obra é: *Por que o Povo de Deus sofre enquanto seus inimigos prosperam?* Para responder a essa pergunta, Deus revela

---

[15] Ibid., p. 453-458.

[16] Id. Volume II. *Revista Bíblica Brasileira* número especial 1-2-3 (2000) 161-166.

a Baruc que a destruição de Jerusalém está apressando a vinda do julgamento e do mundo vindouro, nos quais os íntegros contemplarão a justiça de Deus. O quarto império, Roma, será totalmente aniquilado e o reino do messias durará para sempre.

O 4º Esdras

Obra de ambiente farisaico, datada do final do século I E.C., escrita originalmente em hebraico ou aramaico e preservada nas versões grega e latina. O título IV Livro de Esdras foi dado pela versão latina. O pseudoautor é Esdras, que vive no exílio após a destruição de Jerusalém, pelos babilônicos, em 587. Semelhante ao personagem do passado, o verdadeiro autor viveu após a nova destruição do Templo pelos romanos, no ano 70 E.C.

O 4º Esdras *foi a obra judaica não bíblica mais difundida e mais usada nos meios cristãos primitivos.*[17]

A obra está dividida em sete visões:

- *Primeira visão (4Esd 3,1-5,19):* Deus não tirou do ser humano o coração perverso, e apesar do dom da *Torah* o pecado continua.

- *Segunda visão (4Esd 5,20-6,34):* depois de um jejum feito por Esdras, Uriel (anjo intérprete) explica a ele que todas as coisas passam por uma evolução, a terra é comparada a uma mãe que pare filhos na juventude e na velhice.

- *Terceira visão (4Esd 6,35-9,23):* novamente, o problema do pecado, a vinda do messias, a morte, uma nova oportunidade para o pecador, a oração de Esdras.

---

[17] PAUL, *O que é intertestamento*, p. 85.

- *Quarta visão (4Esd 9,26-10,58):* Esdras recebe a promessa de uma nova Jerusalém, mas nada se diz sobre os habitantes da cidade, nem sobre os que nasceram, nem sobre os que nascerão nela.[18]

- *Quinta visão (4Esd 11-12):* visão da águia (Roma) e do leão (de Judá) que representa o messias. É uma releitura de Dn 7. O *filho de Davi*, preexistente, vencerá a águia e libertará os remanescentes de Israel para participarem do reino messiânico até que venha o dia do juízo.

- *Sexta visão (4Esd 13):* alguém semelhante a um *filho do homem* sobe do mar e voa sobre as nuvens. Trata-se do messias preexistente, protetor do povo, juiz e guerreiro. Ele pousa sobre uma montanha e destrói as potências inimigas, cósmicas e terrestres. Reúne as tribos desaparecidas que estão dispersas entre os gentios.

- *Sétima visão (4Esd 14):* faz um paralelismo com Ex 3,2-22 e apresenta Esdras como um novo Moisés. Ele deverá reescrever a *Torah* queimada durante a destruição do Templo e instruir os sábios na ciência dos setenta livros que foram escritos somente para os escolhidos.[19]

Além das obras aqui resumidas, ainda há outras literaturas judaicas que se autodenominam de "revelação" (apoca-

---

[18] DIEZ MACHO, Alejandro. *Apocrifos del Antiguo Testamento.* Madrid: Cristiandad, 1982. t. I, p. 255.

[19] "Assim, durante quarenta dias, noventa e quatro livros foram escritos" (14,44). Desses, somente 24 (a Bíblia hebraica) foram conhecidos, tanto por pessoas dignas quanto por pessoas indignas, afirma o 4º Esdras. "Mas guarda os setenta livros para dá-los aos sábios do povo" (14,46), ordena o anjo. Cf. TILLESSE, Volume II, p. 325.

lipse), mas querem apenas dar a conhecer curiosidades, lendas ou costumes do povo judeu. Outras se fazem passar por obras judaicas, mas são cristãs. Algumas são judaicas, mas muito mais recentes e influenciadas pelo Cristianismo. Enfim, são pouco relevantes para o propósito deste fascículo. Eis algumas delas: Livro dos segredos de Henoque (Henoque Eslavo), Apocalipse de Abraão, Ascensão de Isaías, Apocalipse de Sofonias, Apocalipse de Sedrac, Apocalipse de Ezequiel, Livro dos Jubileus, Testamento de Jó, Testamento de Moisés, Testamento dos Doze Patriarcas e Oráculos Sibilinos.[20]

c. Documentos do mar Morto

Dentre os principais textos apocalípticos do mar Morto, temos:

Milhamah ou Regra da Guerra (1QM/1Q33)[21]

É um manual de estratégia militar, descoberto entre os Documentos do mar Morto. A obra também é conhecida como *Pergaminho da Guerra*. Esse documento contém uma profecia apocalíptica, sobre uma guerra entre os Filhos da Luz e os Filhos das Trevas. A guerra é descrita, primeiro, como um ataque dos Filhos da Luz contra Edom, Moab, os filhos de Amon, os amalecitas, os filisteus e os Kitim[22] de Ashur (chamado de exér-

---

[20] Para uma visão panorâmica dessas obras, sugerimos o livro de Antonio PIÑERO *Los Apocalipsis* (Madrid: EDAF, 2007).

[21] O número antes da letra "Q" refere-se à gruta onde o documento foi encontrado. A letra "Q" significa Qumran, região próxima do mar Morto. Depois da letra "Q" vem o número da coluna do pergaminho, citado geralmente em algarismos romanos, seguido pelo número das linhas naquela coluna. Os textos de Qumran são citados conforme Florentino GARCÍA MARTÍNEZ (ed.) in *Textos de Qumran* (Petrópolis: Vozes, 1995).

[22] Esses povos foram os principais inimigos históricos de Israel. A maioria dos estudiosos está de acordo que os *kitim* são os romanos. DELCOR, Mathias; GARCIA

cito de Belial), apoiado por aqueles que "violaram a aliança", até mesmo os filhos de Levi, os filhos de Judá e os filhos de Benjamim. No fim, todos aqueles do partido das Trevas serão destruídos, e os da Luz serão iluminados e viverão em paz por toda a eternidade. Em seguida, a guerra é descrita como um conflito entre a congregação dos *elim* (anjos) e a congregação de homens. A outra parte do documento é uma descrição detalhada dos eventos da guerra e de como ela deveria ser conduzida.

11QMelch ou Fragmento de Melquisedeque (11Q13)[23]

Obra conservada apenas em três colunas, sendo que a mais completa é a coluna II. Seu tema principal é a nova perspectiva, sob a qual ler Gn 14,18-20 e Sl 110,4 a respeito do misterioso personagem Melquisedeque.

Para alguns estudiosos, o fragmento de Melquisedeque é uma continuação de outro pergaminho, conhecido como *Eras da Criação* (4Q180),[24] que trata sobre os diversos ciclos da história. Nesses ciclos, a terra recebe a visita de demônios, com suas atividades maléficas, e, depois, de anjos nos sucessivos jubileus da história. O final do texto da gruta 4 é a descrição do aparecimento de Melquisedeque, como ser angélico, a Abrão em Gn 14,18-20.

O texto da gruta 11 sobre Melquisedeque seria a continuação dessa história, mostrando o décimo e último jubileu

---

MARTINEZ, Florentino. *Introducción a la literatura esenia de Qumran*. Madrid: Cristiandad, 1982. p. 147-163.

[23] ANDRADE, Aíla L. Pinheiro. *À maneira de Melquisedeque; o messias segundo o judaísmo e os desafios da cristologia, no contexto neotestamentário e hoje*. Belo Horizonte: FAJE, 2008. p. 113ss. Tese de doutoramento.

[24] Também é conhecido como *Pesher dos Períodos*. Os documentos 4Q180 e 4Q181 são duas cópias da mesma obra, a qual divide a história humana em períodos, desde a criação até o fim dos tempos.

(ciclo de 49 anos). O texto começa com uma citação de Lv 25,13 e Dt 15,2, versículos que tratam sobre o ano do jubileu e sobre o ano da libertação. A esses versículos é somado Is 61,1 e são interpretados como se referindo aos últimos dias. O autor se aproveita do fato de que a palavra אֱלֹהִים – *elohim* pode ser usada tanto para Deus quanto para anjos (Sl 82,1) e então afirma que um anjo chefia a assembleia angélica e instaura o ano da graça de Melquisedeque, e não o ano da graça do Senhor. No décimo jubileu, esse anjo Melquisedeque realiza o julgamento dos malvados (homens e demônios). A ação de julgar dada a esse anjo é explicitamente direcionada ao fim dos tempos, porque envolve a destruição de *Belial*, o campeão do exército do Mal, segundo a literatura de Qumran. Depois disto, Melquisedeque instaura a era messiânica.

Apocalipse messiânico (4Q521)

O texto menciona uma assembleia escatológica, que é o conjunto dos fiéis nos últimos tempos que esperam no Senhor e perseveram em seu serviço, e não todo o Israel. Esses fiéis serão recompensados com o trono da realeza eterna. O texto também destaca que uma das características dessa idade messiânica é precisamente a eliminação das limitações físicas que impediam a pertença à comunidade litúrgica. O mais interessante é que este texto apocalíptico parece introduzir uma ideia estranha ao pensamento da Bíblia hebraica inteira: que há ações maravilhosas (portentosas, no sentido positivo e não de catástrofes) que não são obras do Senhor, mas do messias que virá no fim dos tempos. Outros estudiosos afirmam que o sujeito do texto é Deus e que ele mesmo executará as ações maravilhosas que prometeu, e a ressurreição dos mortos (daqueles que foram fiéis) será uma dessas ações. Em todo caso, este texto é testemunha de como a literatura apocalíptica foi se desenvolvendo, ao longo da história, juntamente com as expectativas messiânicas.

Descrição da nova Jerusalém (5Q15)

Obra que foi encontrada em várias cavernas, mas geralmente são apenas fragmentos. As balizas para sua datação estão entre os anos 30 e o ano 1 a.E.C. Trata-se de um apocalipse inspirado em Ez 40-48, que se ocupa de mostrar como será o Templo no futuro, com suas medidas precisas e as orientações de como deverá ser ali exercida a liturgia. O edifício sagrado e os artefatos litúrgicos são mostrados numa visão por um anjo. A maioria dos estudiosos está de acordo que este texto serviu de inspiração para a descrição da nova Jerusalém em Ap 21.[25]

Sugestão de atividade

Comparar o texto abaixo, pertencente ao Apocalipse messiânico (4Q521) que mencionamos acima, com os textos de Mt 11,4-5 e Lc 7,22-23. Conversar sobre as semelhanças e as diferenças. Tentar perceber os motivos pelos quais os evangelistas retomaram e retocaram essas palavras.

Céus e terra escutarão o seu messias e tudo o que neles está não se apartará dos preceitos santos... e sobre os pobres pousará o seu espírito e aos fiéis renovará com sua força. Pois honrará os piedosos sobre o trono da realeza eterna, libertando os prisioneiros, dando vista aos cegos, endireitando os torcidos. E o Senhor operará ações gloriosas como não existiram, pois curará os feridos e fará viver os mortos, aos humildes anunciará boas novas, cumulará os indigentes, conduzirá os expulsos e enriquecerá os famintos (4Q521 II, 1.6-9.11).

---

[25] DELCOR; GARCIA MARTINEZ, *Introducción a la literatura esenia de Qumran*, p. 146.

Capítulo 4
Os textos apocalípticos cristãos

Da mesma forma que os apocalipses judaicos, os textos cristãos foram surgindo aos poucos, com pequenos trechos dentro de outros gêneros literários e somente depois como um escrito feito inteiramente como livro apocalíptico.

a. Canônicos[1]

Veremos primeiramente os textos canônicos, como fizemos anteriormente, e depois consideraremos os principais textos apócrifos.

A vinda do Senhor – Primeira Carta aos Tessalonicenses

Já no início do ministério apostólico Paulo fala da segunda vinda do Senhor sem nenhuma consideração anterior sobre os seus detalhes (4,13–5,11). O apóstolo partilhava, sem dúvida, do pensamento geral da comunidade primitiva, de que o retorno de Jesus Cristo era iminente. Cristo já tinha venci-

---

[1] Para este estudo nos servimos, de maneira geral, dos comentários bíblicos: FITZMYER, Joseph A. (dir.). *Comentario bíblico San Jerónimo*. Madrid: Ediciones Cristiandad, 1972. t. III e IV: Nuevo Testamento. GUIJARRO OPORTO, Santiago; SALVADOR GARCÍA, Miguel (ed.). *Comentario al Nuevo Testamento*. Estella: La Casa de la Biblia, 1995.

do a morte e o reino dos mortos. Por isso os cristãos daquela época não viam motivos para uma demora em terminar o que se havia iniciado com a ressurreição de Jesus. Mas alguns cristãos morreram e algumas perguntas surgiram: Que acontecerá com estes? Como se encontrarão com Cristo? Quando será?

À primeira pergunta Paulo dá uma resposta enfática. O Senhor Jesus virá, isto é certo. E todo cristão, vivo ou morto, estará com ele. Esta é a esperança cristã. O que aconteceu com Jesus acontecerá com a comunidade dos seguidores. O mesmo Deus que arrancou Jesus do reino dos mortos fará o mesmo aos que creem.

Como? Para responder à pergunta, Paulo utiliza o gênero literário apocalíptico, porque é o que melhor transmite a fé nas realidades do mundo vindouro (4,16-17). O arrebatamento supõe a cosmovisão do universo em três planos, unido a uma convocação ao som das trombetas dos anjos. Apesar dessas imagens míticas, é certo que os cristãos estarão "para sempre com o Senhor" (v. 17), independente de estarem vivos ou mortos (na vigília ou no sono – 5,10) no momento da vinda.

Quando? Está próximo, afirma Paulo, embora a data seja desconhecida. A vida cristã deve ser marcada por uma tensão: o Senhor virá a qualquer momento. A espera deve configurar-se como preparação e vigilância, que o "Dia não vos surpreenda como um ladrão" (5,2.4). Analogamente ao soldado romano, os cristãos devem vestir a armadura (v. 8). Utilizando-se de várias imagens antitéticas (vv. 5-10), o apóstolo exorta à vigilância e à prontidão enquanto se espera aquele Dia.

Cristo, primícias dos que morreram – Primeira Carta aos Coríntios

Cristo é as primícias dos que morreram (1Cor 15,22-58), conforme esse trecho apocalíptico de 1Cor, que está no contexto das explicações de como se dá a ressurreição. Nesta carta Paulo elabora melhor o que afirmou em 1Ts 4,13–5,11. Ressuscitar não é ter o cadáver reanimado, como era senso comum.

A moldura que envolve a argumentação é que Cristo ressuscitou, e se isso não tivesse acontecido a proclamação apostólica seria uma perda de tempo e a fé cristã seria vazia, visto que tudo terminaria na morte (1Cor 15,1-19.29-34). A ressurreição de Cristo não foi um evento isolado, não foi algo que aconteceu apenas com ele, ela é o fato culminante da história da salvação: a vitória do ser humano sobre o pecado e a morte. Cristo é o primeiro dentre uma multidão, é primícias dos que morreram (1Cor 15,20), primogênito de todos os que triunfam sobre a morte. Por ocasião da parusia (v. 23), a ressurreição será algo incontestável, "porque, no novo reino instaurado por Cristo, os inimigos da vida – poderes demoníacos, forças caóticas e a morte – serão vencidos e submetidos aos desígnios vivificadores do Deus da vida", que se manifestará e atuará como Senhor de todas as coisas.[2]

Como será, então, a ressurreição? Qual o seu significado para a fé cristã? Algumas correntes do Judaísmo entendiam a ressurreição como um retorno ao mesmo corpo. Isso não soava bem aos ouvidos espiritualistas dos coríntios. Ao tratar disso, Paulo sabe que caminha sobre areia movediça. "A afirmação básica é que os mortos serão objeto de uma profunda transformação para chegar ao estado de ressuscitados." Os corpos terrestres e os corpos ressuscitados possuem características claramente distintas e até opostas. Para construir seu argumento, o Apóstolo vale-se das especulações dos fariseus

---

[2]   SALVADOR GARCÍA, Miguel. Primera Carta a los Corintios. In: GUIJARRO OPORTO, Santiago; SALVADOR GARCÍA, Miguel (ed.). *Comentario al Nuevo Testamento*. Estella: La Casa de la Biblia, 1995. p. 477-478.

sobre *Adão Kadmon* (Homem Arquétipo), criado à imagem de Deus, ser celestial, paradigma para o que cada ser humano deveria tornar-se, em contraposição ao primeiro Adão, feito de barro, ser terreno e mortal. Conforme Paulo, o *Adão Kadmon*, o corpo espiritual a "quem devem equiparar-se os cristãos, é Jesus Cristo ressuscitado".[3]

O discurso escatológico – Evangelhos sinóticos

Já se conjeturou que o discurso escatológico dos Evangelhos, segundo Mc 13, Mt 24-25 e Lc 21, poderia ter sido um apocalipse judaico e, posteriormente, atribuído ao Jesus histórico. Houve quem garantisse que se tratava de um trabalho redacional, feito pela Igreja obcecada em assegurar a segunda vinda de Cristo, contradizendo o que pensara Jesus de Nazaré, o qual esperava o Dia do Senhor como um evento que irromperia dentro de seu ministério público.[4] São muitas as suposições, mas não esqueçamos de considerar que o movimento de Jesus e a comunidade pós-pascal foram bastante influenciados pela apocalíptica judaica e que os acontecimentos do final do primeiro século tornaram-se um terreno fértil para o desenvolvimento de ideias apocalípticas no Segundo Testamento, de modo geral, como a nova ordem divina que surge do triunfo de Deus sobre as forças do mal e da morte e o conceito de Filho do Homem vinculado à parusia.

O discurso escatológico encontra-se nos três sinóticos, tendo por fonte o Evangelho de Marcos. Em todos eles o discurso tem o mesmo objetivo:

---

[3]   Ibid.

[4]   GRAYSTONE, K. The Study of Mark 13. *Bulletin of the John Rylands Library* 56 (1974) 371-387.

- dar uma correta interpretação sobre a destruição do Templo de Jerusalém, a vinda do Filho do Homem e o fim dos tempos;

- exortar as comunidades para que não se deixem enganar por falsos profetas e messias;

- dar uma compreensão mais profunda sobre a história, iniciando-se com a ressurreição de Cristo e finalizando com o julgamento final;

- exortar os cristãos de todos os tempos para que estejam preparados para a volta do Filho do Homem.

O discurso se divide em seis partes principais, na forma de um paralelismo:[5]

- *A. Introdução:* (Mc 13,1-4||Mt 24,1-3||Lc 21,5-7)

O texto do Evangelho de Marcos começa com uma profecia de Jesus sobre a destruição do Templo de Jerusalém. Em Marcos e Lucas, a preocupação dos discípulos é dupla: quando vai acontecer e quais os sinais indicativos da proximidade do acontecimento. No texto de Mateus, como combina a destruição do Templo com o fim do mundo, a preocupação é tríplice: "quando", "quais os sinais da parusia" e do "fim dos tempos". O sermão é a resposta a essas perguntas que, na verdade, são feitas pelas comunidades do final do século I E.C.

---

[5] O paralelismo é um elemento essencial na poesia hebraica. Trata-se de um artifício literário, segundo o qual as ideias que estruturam o texto são correspondentes entre si. Há três tipos de paralelismo: *sinonímico,* que é a repetição da mesma ideia com outras palavras; *antitético,* que se expressa por ideias contrárias; e *sintético,* que retoma a primeira ideia já expressa para completá-la.

- *B. O princípio das dores:* (Mc 13,5-13||Mt 24,4-14||Lc 21,8-19)

Jesus diz aos discípulos quais são os sinais dos tempos: Em Marcos e Lucas esses sinais não são uma indicação da proximidade do fim dos tempos, mas uma garantia de que certamente a parusia virá. Conforme Mt 24,14, ao contrário, os sinais apontam para a ruína iminente de Jerusalém e deste mundo.

- C. *A grande tribulação de Jerusalém:* (Mc 13,14-23||Mt 24,15-25||Lc 21,20-24)

Jesus retorna à pergunta dos discípulos para adverti-los sobre a destruição iminente de Jerusalém e dar-lhes o sentido desse acontecimento.

- C'. *A manifestação gloriosa do Filho do Homem:* (Mc 13,24-27||Mt 24,29-31||Lc 21,25-27)

A parusia é descrita com as metáforas corriqueiras. O fim do mundo corresponde à manifestação gloriosa do Filho do Homem.[6] Esse é o trecho especificamente apocalíptico dentro do discurso escatológico.

- B'. *Parábola da figueira:* (Mc 13,28-32||Mt 24,32-36||Lc 21,29-33)

As folhas da figueira brotam no final da estação chuvosa, isto significa que a estação seca (verão) está próxima. Os acontecimentos que são o começo das tribulações indicam a proximidade do Filho do Homem e este é o sinal de que o Dia está próximo. Em Mateus, a destruição do Templo, a manifestação do Filho

---

[6] Mateus introduz os versículos 26-28.

do Homem e a parusia são o mesmo acontecimento. Depois da parábola há três sentenças que constituem o núcleo da resposta à pergunta feita na introdução do discurso. A primeira (Mc 13,30||Mt 24,34||Lc 21,32) é a conclusão lógica da parábola da figueira e mostra o "quando" dos sinais premonitórios, acontecimentos vividos por aquela geração, a destruição do Templo. A segunda (Mc 13,31||Mt 24,35||Lc 21,33) desfruta de um destaque especial, pois afirma a certeza do fato fundamentada na palavra infalível de Jesus. Não cabe fazer previsões nem cálculos, basta acreditar no que Jesus disse. A terceira (Mc 13,32||Mt 24,36)[7] destaca a ignorância completa sobre o momento exato, com o propósito de pôr fim às especulações escatológicas do final do primeiro século.

- *A'. Vigiar para não ser surpreendido:* (Mc 13,33-37||Mt 24,42; 25,13-15||Lc 19,12-13)

O final é bem diferente nos três Evangelhos, Mateus e Lucas não seguem a fonte marcana no final. Contudo, o tema é o mesmo nos três Evangelhos ao finalizar o discurso: há que ter uma atitude vigilante, que se mantém em prontidão para não ser surpreendido por aquele Dia, que virá repentinamente.

A parusia – Segunda Carta aos Tessalonicenses

A vinda do Senhor (1,3–2,12) é o tema desenvolvido por um discípulo de Paulo, tema já tratado em 1Ts e 1Cor. O contexto agora é de perseguição aos cristãos. Por isso, o objetivo dessa perícope apocalíptica é, ao mesmo tempo, consolar

---

[7] Neste ponto Lucas para de seguir a fonte Marcos.

e exortar à perseverança. Os cristãos devem manter-se firmes, ancorados na esperança da parusia e no julgamento a ser realizado por Cristo. É invocada a lei de talião (1,6-7). Em seguida, vem a descrição do dia do juízo, bem ao estilo dos textos apocalípticos judaicos (1,8-10). O texto de Is 2,10 é relido em nova perspectiva. Trata-se do "Dia do Senhor Jesus" (Ts 1,7.12) e não mais Dia do Senhor Deus de Israel, e o castigo é dado a quem desobedece o Evangelho (v. 8). A vinda de Cristo será um apocalipse, uma revelação (v. 7) da glória que os cristãos testemunharam (v. 10) e por isso foram perseguidos.

Em seguida, o texto passa a corrigir alguns mal-entendidos sobre o tempo exato da parusia. Esse tema estava causando aflição nas pessoas naquela época. Já havia algumas profecias e cartas atribuídas a Paulo, sobre uma possível proximidade do fim dos tempos (2,1-2). São indicados, então, dois sinais para saber se o Dia está próximo (2,3-4): a apostasia (Dn 9,4-11; 1Hen 91,7; 2Esd 5,1-2) e o aparecimento do "homem ímpio" (Dn 11,36-37; Ez 28,2.6.9; Is 14,13-14).[8] A impiedade está agindo secretamente e dessa atividade resultará a apostasia (2,7). "Satanás tem um plano secreto e o homem ímpio terá uma parusia, do mesmo modo que Deus tem um plano secreto e Cristo terá uma parusia."[9] Mas, a vitória de Cristo será fácil e irresistível (2,8).

A parusia será acompanhada de sinais e de prodígios. As afirmações de 2,11 não significam uma predestinação de alguns para a perdição, ao contrário, a linguagem semita quer apenas mudar o foco das preocupações: em vez de inquieta-

---

[8] Em outros textos é o adversário do messias, ou seja, o anticristo.

[9] FORESTELL, J. Terence. Cartas a los Tesalonicenses. In: FITZMYER, Joseph A. (dir.). *Comentario bíblico San Jerónimo*. Madrid: Ediciones Cristiandad, 1972. t. III, p. 593.

rem-se com o "quando" da parusia, os cristãos devem ater-se às consequências de suas ações. "Deus domina a situação e o homem exerce sua livre vontade, ao aceitar ou recusar o evangelho" (10b-12).[10] É por sua resposta ao Evangelho que o ser humano será julgado.

O Dia do Senhor – Segunda Carta de Pedro

O autor fundamenta seus argumentos no testemunho pessoal de quem conviveu com Jesus, usando o recurso da pseudoepigrafia. O tema do Dia do Senhor em 2Pd 3,1-18 já havia sido abordado em 1,11 e 1,16. Nessa perícope, a argumentação considera as objeções dos adversários a respeito da parusia. Esses afirmam que não acontecerá a segunda vinda do Senhor e dão duas razões para tal afirmação: a morte das testemunhas que esperavam a parusia e a imutabilidade do mundo, ou seja, a ausência de cataclismas (2Pd 3,4).

O autor começa afirmando que seu propósito é fazer com que os destinatários se recordem de certas coisas fundamentais, para mantê-los esclarecidos (2Pd 3,1-2). O autor apela para a tradição eclesial, ou seja, às palavras de Jesus e à tradição apostólica (2Pd 1,16-18; 3,2), que está no mesmo nível da palavra dos profetas (2Pd 1,19-21; 3,2). Trata-se de duas fases da mesma revelação, cujo objeto é o anúncio da vinda do Senhor.

A argumentação do autor detém-se no julgamento de Deus, sobre o mundo antigo (dilúvio) como *tipologia* e anúncio do julgamento iminente sobre o mundo presente (2Pd 3,5-7). Em seguida, foi necessário explicar o atraso da parusia

---

[10]   Ibid., p. 594.

(2Pd 3,8-9). A razão da demora não pode ser outra senão a paciência de Deus, que quer a conversão de todos (2Pd 3,9).

Por fim, o autor descreve o Dia do Senhor com imagens e expressões tiradas das literaturas apocalípticas judaica e cristã (2Pd 3,7.10). Esse vocabulário tradicional é colocado a serviço da mensagem central, o apelo a progredir na santidade (2Pd 3,11-18).

Novo céu e nova terra – Apocalipse

O Livro do Apocalipse é especificamente apocalíptico do Segundo Testamento, foi interpretado de diversos modos, mas podemos resumi-lo em duas linhas hermenêuticas, sem considerar as leituras fundamentalistas.

A primeira linha de interpretação considera o Apocalipse como um roteiro sobre o futuro, uma narração simbólica da história universal com prognósticos sobre o tempo do fim. A segunda linha o considera uma crítica política dos acontecimentos do final do primeiro e inícios do segundo século da E.C., ou seja, da época em que foi escrito. Essas duas linhas hermenêuticas serão bastante limitadas se forem mutuamente excludentes.

O Apocalipse significa que as comunidades do final do século I E.C. fizeram uma forte experiência de Deus mediante Cristo ressuscitado. Essa experiência foi determinante para sua compreensão do mundo hostil ao Evangelho, e mudou radicalmente seu modo de compreender a história. Essa experiência e essa compreensão da história são o horizonte de fundo de todo o livro e o critério principal para uma hermenêutica correta de suas visões e símbolos.

Três chaves são essenciais para realizar uma interpretação adequada e eficaz da mensagem do Apocalipse: o contexto histórico no qual foi escrito; o simbolismo retomado dos apocalipses judaicos e da tradição cristã; uma experiência profunda de Deus por meio de Jesus Cristo.

O vidente e também autor do escrito apresenta-se como sendo João, irmão e companheiro na tribulação (Ap 1,9). É consenso entre os estudiosos que o livro foi escrito em três momentos:[11]

- uma primeira parte entre os anos 64-68;

- outra parte em meados de 90;

- alguns detalhes entre 95-100.

O autor menciona que estava na ilha de Patmos (Ap 1,9), perto da Ásia Menor, pertencente ao Império Romano. Os destinatários são os cristãos das sete comunidades da Ásia Menor (1,4), mas isto simboliza todos os cristãos de todos os tempos e lugares. A mensagem principal do livro é que o mesmo Deus que ressuscitou Jesus está salvando os cristãos agora, e os salvará definitivamente quando derrotar todas as forças do mal. A história deste mundo terminará com o triunfo de Deus e de seu projeto. Resta ao ser humano avançar, progredindo sempre na fé, mantendo a esperança na vitória de Deus.

A espinha dorsal do livro são sete bem-aventuranças, distribuídas ao longo do texto:

1. Bem-aventurados o leitor e os ouvintes das palavras desta profecia que guardam as coisas nela escritas, pois o tempo está próximo (Ap 1,3).

---

[11]   MESTERS, Carlos; OROFINO, Francisco. *Apocalipse de São João;* a teimosia da fé dos pequenos. Petrópolis: Vozes, 2003.

2. Bem-aventurados "os mortos, os que desde agora morrem no Senhor. Sim, diz o Espírito, que eles descansem de suas fadigas, pois suas obras os acompanham" (Ap 14,13).

3. Bem-aventurado "aquele que vigia e conserva suas vestes, para não andar nu e para que não se enxergue a sua vergonha" (Ap 16,15).

4. Bem-aventurados "os convidados para o banquete das núpcias do Cordeiro" (Ap 19,9).

5. Bem-aventurado "e santo quem participa da primeira ressurreição!" (Ap 20,6).

6. Bem-aventurado "aquele que observa as palavras da profecia deste livro" (Ap 22,7).

7. Bem-aventurados "os que lavam suas vestes, pois assim poderão dispor da árvore da vida e entrar na cidade pelas portas" (Ap 22,14).

Avançar na santificação é a palavra de ordem. O termo comumente traduzido em português por "bem-aventurados" ou "felizes" é também, em hebraico, um imperativo dos verbos "avançar", "seguir adiante", "prosseguir", como aparece em Pr 4,14. Significa uma ordem de batalha, em vez de um comodismo. Tampouco é uma utopia, mas trata-se de uma resposta de Deus a todos os que já agora são injustiçados, perseguidos, martirizados etc. Significa que esses devem permanecer na luta, pois é certo que verão acontecer o Reino pelo qual eles sofrem tantas injúrias.

O Apocalipse está estruturado em quatro grandes partes:

Apresentação: Ap 1–3

Primeiramente, é Jesus quem se apresenta (Ap 1,9-20). O texto principal é a visão do Filho do Homem entre os sete candelabros. A presença de Deus neste mundo se dá por intermédio das comunidades cristãs. Jesus as tem em suas mãos e protege seus líderes (anjos) e, por meio deles, cuida de toda a Igreja.

Em seguida, vem a apresentação da Igreja mediante as sete cartas (Ap 2–3). Cada uma dessas cartas, quando menciona o remetente, retoma um dos títulos messiânicos ou detalhes da visão inaugural, como "o primeiro e o último", "a testemunha fiel e verdadeira" etc. Cada comunidade tem uma virtude a ser louvada e recompensada, e um erro a ser corrigido, exceto Esmirna, que deve apenas perseverar, e Filadélfia.

Novo êxodo, nova libertação: Ap 4–11

A visão do trono de Deus (Ap 4,1-11), retomada de Is 6,1 e Ez 1,26-28, perpassa todo o livro. A palavra trono aparece mais de quarenta vezes. Significa a soberania de Deus, que, desde o alto, está acima de todos os poderes terrenos. Os quatro seres vivos (Ap 4,6-8; 19,4) que estão diante do trono representam as forças da criação (natureza) que estão sob o domínio de Deus. A criação personificada louva a Deus dia e noite. Eles foram retomados de Ez 1,4-12.

A visão do livro e do Cordeiro (Ap 5,6-12) denota que a história humana não tem seu sentido percebido sem a fé em Jesus morto e ressuscitado. Os selos não são períodos da história, são situações vividas durante a totalidade da história, até que esta chegue ao seu final.

Os quatro cavaleiros (Ap 6,1-8) representam diversas experiências ao longo da história, desde as origens do ser humano até o fim dos tempos, como: violência, guerra, fome, epidemias.

As almas dos que tinham sido imolados por causa da palavra de Jesus (Ap 6,9-11) clamam por justiça, mas é-lhes dito que esperem algum tempo, até que um maior número de pessoas possa juntar-se a elas, ou seja, espera-se que a evangelização leve as pessoas a avançarem no processo de santificação.

Os que conseguiram se juntar aos mártires do início são os assinalados (Ap 7). O número deles é simbólico: 144 mil que representam o povo de Israel (Ap 7,4), e haverá uma multidão incontável das demais nações (Ap 7,9).

As trombetas (Ap 8-11) são instrumentos que preparam para a luta (Nm 10,9) e também anunciam e acompanham a liturgia (Jl 2,1.15). Elas têm a mesma função que a abertura dos sete selos, fazer uma leitura da história do início ao fim, mas neste ponto significam a luta e a vitória de Deus, juntamente com o povo.

O livrinho doce e amargo (Ap 10,1-11) representa o Evangelho de Jesus que é necessário torná-lo conhecido.

As duas testemunhas (Ap 11,1-13) foram associadas a várias pessoas pelos estudiosos. Uns afirmam que são Moisés e Elias, outros, que são Pedro e Paulo etc. O mais importante é saber que elas anunciam a necessidade de testemunhas, pois é chegado o julgamento e o Reino.

O julgamento divino: Ap 12,1–22,5

A mulher simboliza a humanidade regenerada, que venceu as forças do mal simbolizadas pelo dragão, a antiga serpente (Ap 12,1-18). A mulher coopera com o plano divino,

86

e é perseguida, mas vive alimentada pela Palavra de Deus. Nenhuma força caótica conseguiu destruir sua beleza e harmonia, pois seu Filho, o homem Jesus, foi levado para junto do trono de Deus e reina com ele.

O termo "cordeiro" aparece 28 vezes e é o título principal de Jesus. Ele dirige o combate contra a fera e liberta o ser humano (Ap 13,1–14,15). Convida o ser humano a segui-lo até o fim, quando haverá as suas bodas. A fera está a serviço do mal, mas é um ser humano. O número 666 significa apenas isto, é um ser humano (Ap 13,18) e não uma divindade. É necessário reconhecê-lo no decorrer da história, pois, de tempos em tempos, surge alguém que age assim.

O Filho do Homem, com uma foice afiada, representa Jesus que vem para julgar e acabar com o sofrimento dos cristãos (Ap 14,14-20). Essa visão é tomada do livro de Dn 7,13-14.

As sete taças (Ap 15,7–16,21) são uma releitura das sete primeiras pragas do Egito e simbolizam a libertação da escravidão, agora não mais do faraó, mas de todo o mal.

A queda da prostituta (Ap 17,1-18) representa o fim de todo poder político opressor. Babilônia e Roma foram os impérios orgulhosos que combateram o Deus de Israel, destruindo o Templo de Jerusalém, centro da fé monoteísta.

Babilônia é a cidade terrestre, o poder político orgulhoso (Ap 18,1–19,11), em contraposição à cidade celeste, a nova Jerusalém, assim como a prostituta está em oposição à noiva virgem e pura.

O cavaleiro no cavalo branco é Jesus, que executa a sentença contra a fera (Ap 19,11–20,15). É o triunfo final da vida sobre a morte.

A árvore da vida (Ap 21,1–22,5) simboliza o novo céu e a nova terra. O futuro do mundo será uma novidade, mas enraizada no tempo passado, é uma regeneração:

- nova criação (Ap 21,1);
- novo paraíso (Ap 22,1-2);
- nova aliança (Ap 21,3-7);
- nova organização (Ap 21,12-21);
- nova cidade (Ap 21,2.10.20);
- novo povo (Ap 21,2.9);
- novo sentido (Ap 21,22).

Recomendações: Ap 22,6-21

As palavras de Ap 22,6-21 são frutos de uma reflexão sobre os sinais dos tempos à luz da fé na ressurreição de Jesus. Ele está vivo e presente nas comunidades cristãs; não deixou seus seguidores abandonados durante as tribulações. É esse mesmo Jesus quem dá um aval às palavras do *Apocalipse*. Ele garante que vem em breve, e a Igreja exprime a sua fé e alegria com o *amém* e o pedido "Vem, Senhor Jesus!" (Ap 22,20).

b. Apócrifos[12]

Neste ponto é necessário fazer algumas considerações prévias. Alguns escritos, pertencentes aos movimentos cristãos vinculados à gnose, são intitulados "apocalipse". Mas esse termo, em ambiente gnóstico, não tem o mesmo signifi-

---

[12] HENECKE, E; SCHNEEMELCHER, E; WILSON, R. *New Testament Apocrypha*. Philadelphia: Westminster, 1964.

cado que foi demonstrado até aqui. Não se trata de um gênero literário para expressar uma teologia da história em perspectiva cosmológica, soteriológica e escatológica, mas sim como uma revelação redentora e gnóstica. O título "apocalipse", em escritos gnósticos, significa revelação de conhecimentos aos iniciados.[13]

Apocalipse de Adão

O Apocalipse de Adão é uma obra gnóstica setiana[14] do século I-II E.C., escrita em copta, embora seja uma tradução do grego, de origem judaico-gnóstica ou cristã-gnóstica. Pertence ao códice V de *Nag Hammadi*,[15] juntamente com a *Primeira Epístola de Eugnostos*, Apocalipse de Paulo e o Primeiro e Segundo Apocalipse de Tiago.

Adão, com 700 anos de idade, conta ao filho Set como obteve, com Eva, o conhecimento sobre o Deus eterno antes da queda. Esse conhecimento agora é obtido pela iluminação do batismo. Antes da queda, Adão e Eva eram iguais a anjos em conhecimento e glória, mas isso foi perdido por causa do demiurgo que os enganou. A partir daí, começou uma era de escravidão, medo e morte.

Mas Adão profetiza a chegada de um salvador, que é descrita em treze reinos.[16] Cada reino narra como o salvador

---

[13] FALLON, Francis T. *The Gnostic Apocalypses. Semeia* 14, Missoula: Scholars Press, p. 121-158, 1979. Aqui, p. 123.

[14] São assim chamados devido à sua veneração a Set (terceiro filho de Adão e Eva), que teria sido o escolhido por Deus para organizar uma sociedade humana perfeita.

[15] Cidade do alto Egito onde, em 1945, foi descoberta uma coleção de textos gnósticos em uma jarra selada que continha treze códices de papiro enrolados em couro.

[16] PARROT, Douglas M. The 13 Kingdoms of the Apocalypse of Adam: Origin, Meaning and Significance. *Novum Testamentum* 31 (1989) 67-87.

vem ao mundo. No primeiro reino se afirma que ele foi nutrido no céu e recebeu glória e poder e depois veio para o seio de sua mãe e finalmente foi batizado. O segundo reino diz que, depois do nascimento dele, um pássaro o levou para uma grande montanha e o alimentou, até que lhe apareceu um anjo para conceder-lhe glória e poder e, por fim, ele foi batizado etc.

Daí por diante o Apocalipse de Adão vai tecendo seus relatos sobre a vinda do salvador. Esse escrito tem pouco a acrescentar aos apocalipses. Por ser de origem gnóstica, seu objetivo não se enquadra no que é próprio da literatura apocalíptica, em seus elementos fundamentais, pois a revelação (apocalipse) em ambiente gnóstico tem outro significado. Trata-se, pois, da transmissão de certos conhecimentos a que somente os iniciados têm acesso.

Apocalipse copta de Paulo

O Apocalipse copta de Paulo, também pertencente ao códice V de *Nag Hammadi*, não deve ser confundido com o Apocalipse de Paulo (que será abordado logo a seguir). O Apocalipse copta de Paulo foi escrito originalmente em grego, provavelmente nos meados do século II E.C., mas preservado apenas em língua copta. O texto se inicia com uma viagem de Paulo a Jerusalém, retomando Gl 1,18. Enquanto ainda em viagem, Paulo encontra um menino que o leva em uma viagem aos céus (releitura de 2Cor 12,1-4) através de vários planos.

Para se compreender isso adequadamente, é necessário considerar que para o gnosticismo o mundo material era o domínio do deus mau, o criador ou demiurgo. O reino verdadeiro do deus bom estava muito além do mundo material. Entre os dois reinos havia vários planos e em cada um deles um arconte ou anjo tentava impedir a ascensão da alma. O último nessa escalada era o reino do próprio demiurgo criador, e acima deste estava o paraíso ou pleroma, morada do verdadeiro deus bom. A alma que não tivesse o conhecimento (gnose) necessário para derrotar os arcontes era enviada de volta em outra encarnação.

O Apocalipse copta de Paulo vai descrever a viagem do apóstolo através desses planos. O texto apenas cita a passagem do apóstolo pelos três primeiros planos. Em seguida, narra em pormenores a passagem de Paulo pelos níveis mais elevados. No quarto plano, Paulo vê o julgamento das almas e anjos, encaminhando outras almas para o quinto plano. O sexto piso é repleto de luz. No sétimo, Paulo se encontra com um velho sentado em um trono resplandecente, que tenta impedir sua ascensão aos níveis mais altos. Mas o apóstolo continua sua viagem até chegar ao décimo céu, onde se livra completamente da matéria e torna-se um espírito.

Também este apocalipse não se enquadra no que é próprio da literatura apocalíptica que estamos estudando.

Primeiro e Segundo Apocalipse de Tiago

O livro intitulado Segundo Apocalipse, de Tiago, foi escrito em meados do século II E.C. antes do Primeiro Apocalipse de Tiago. Trata-se da revelação de uma doutrina secreta, feita por Cristo ressuscitado a Tiago, irmão do Senhor. Este a ensinou para os iniciados em Jerusalém. Após a morte do apóstolo, essa revelação foi enviada pelo sumo sacerdote ao pai de Tiago, chamado Teudas. O sumo sacerdote era parente do apóstolo e presenciou sua execução.

O texto termina com a morte de Tiago, assim descrita: os sacerdotes decidiram matá-lo e o encontraram perto da pedra angular do Templo, então o jogaram do pináculo abaixo. Vendo que Tiago ainda não estava morto, enterraram-no de ventre para cima e o apedrejaram. Antes de expirar, o mártir dirigiu a Deus uma oração fortemente marcada pelo tom ascético.

O Primeiro Apocalipse é um tratado sobre o retorno da alma para Deus na forma de um diálogo entre Tiago, cognominado "o justo" ou o "irmão do Senhor", com Jesus. O texto inicia-se descrevendo a preocupação de Tiago, com a possibilidade de ser crucificado. O diálogo é marcado por perguntas estereotipadas feitas por Tiago e respostas de Jesus que se constituem revelação (apocalipse), próprias da doutrina gnóstica. Jesus tranquiliza Tiago a respeito da morte, dizendo que Jerusalém é o local da estada de muitos arcontes, por isso os filhos da luz são muito perseguidos ali. Por causa do ataque dos arcontes, a alma deseja retornar ao Pai. Durante o retorno, a alma deve responder a algumas questões sobre o ser humano, sua origem, sua natureza e seu destino.

Então, Jesus dá a Tiago as respostas secretas que lhe darão acesso ao mais alto céu (dentre setenta e dois), evitando que sua ascensão seja impedida pelo demiurgo. Por fim, é indicado Adai, o apóstolo da Síria, para receber o conteúdo desse apocalipse e escrevê-lo.

Apocalipse de Pedro

O Apocalipse de Pedro, mencionado no Cânon de Muratori,[17] provavelmente foi escrito no século II E.C. Atual-

---

[17] O Cânon de Muratori é o mais antigo documento sobre o cânon bíblico do Novo Testamento. Foi escrito por volta do ano 150 E.C., uma vez que cita o nome de Pio, bispo de Roma (143-155). Uma cópia do século VIII foi descoberta pelo sacerdote italiano Ludovico Antonio Muratori no século XVIII.

mente, há duas versões incompletas do texto, uma em grego e outra em etíope, as quais divergem em muitos pontos.

Trata-se de visões, nas quais Cristo ressuscitado mostra a Pedro os prazeres dados no céu para cada virtude e as punições do inferno, com riqueza de detalhes, para cada tipo de crime. As descrições do céu e do inferno revelam que o escrito sofreu uma influência da escatologia órfico-pitagórica. O texto também é considerado como uma das principais fontes, de todas as visões medievais, sobre os dois planos.

O texto continua com uma seção sobre a salvação final de todas as almas pecadoras dos sofrimentos do inferno. Por fim, Pedro ordena que não se divulguem essas visões, porque Deus havia pedido para mantê-las secretas.

Apocalipse de Paulo

O Apocalipse de Paulo é uma releitura ampliada do Apocalipse de Pedro. Provavelmente, foi escrito no século IV E.C. Há cópias em siríaco, etíope, copta e latim. Na versão em etíope do texto, é Maria, a mãe de Jesus, em vez de Paulo, quem recebe a visão, por isso é chamado de Apocalipse da Virgem.

O texto narra o que Paulo viu na visão mencionada, 2Cor 12,2, e estrutura-se da seguinte forma: um prólogo, no qual se narra que o apóstolo recebeu de Cristo a missão de anunciar uma penitência para toda a humanidade, pois a criação inteira: o sol, a lua, as estrelas, as águas, o mar e a terra clamaram a Deus contra a humanidade por haver profanado o santo Nome; uma descrição detalhada do céu, na qual um anjo conduz Paulo para o lugar onde ficam as almas justas, a cidade de Cristo, um país resplandecente; em seguida, há uma visão do inferno, quando o mesmo anjo conduz o apóstolo ao rio de fogo, onde sofrem as almas dos ímpios e dos pecadores. Entre os condenados estão membros dos diversos graus do clero, como bispos, sacerdotes e diáconos, e, principalmente, os hereges de todos os tipos. No fim do livro, Paulo consegue persuadir Deus a dar a todos, no inferno, uma folga aos domingos.

Capítulo 5
A teologia do
Apocalipse de João

O problema teológico crucial do final do primeiro século E.C. foi manter o fervor dos cristãos, não obstante a demora da Parusia. De início, esperava-se que a segunda vinda de Cristo fosse imediata (1Ts 4,16-17), contudo muitos anos haviam se passado e a espera cedia lugar a uma apatia da fé, e muitas pessoas desistiram das comunidades cristãs (Hb 6,12; 10,25).

Novas explicações se faziam necessárias a respeito do retorno do messias, por isso os últimos escritos do Segundo Testamento – cartas pastorais, cartas universais e o Apocalipse – recorreram a novas interpretações do Primeiro Testamento e da tradição de Jesus em busca de respostas adequadas ao novo momento histórico.

Para a fé cristã, Jesus é o messias das profecias bíblicas, esperado e inaudito, que anunciou e instaurou o Reino de Deus, e na segunda vinda o plenificará e o entregará ao Pai, para que governe sobre toda criatura (1Cor 15,23b-28). Isso significa que, durante o tempo entre as primeiras experiências com o ressuscitado e a parusia, tudo já está submetido a Cristo, ele já reina sobre o universo. Esse período de soberania é simbolizado pela expressão, "reinado de mil anos" (Ap 20,4-6).

É tarefa da Igreja anunciar a instauração do Reino durante a vida de Jesus e a consumação da soberania divina na parusia. Por isso, o Segundo Testamento e, especialmente, o Livro do *Apocalipse* dão grande atenção a esse período da história, explicitando as raízes hebraicas da fé cristã e também o desenrolar final do drama humano, e da criação inteira, na segunda vinda do Senhor.

O contexto histórico do final do século I E.C.[1]

Foi em um contexto de grandes expressões do mal que surgiu o Livro do *Apocalipse*. O Templo de Jerusalém foi destruído em 70 E.C. e, inicialmente, esse acontecimento havia sido compreendido como sendo "a abominação da desolação" (Dn 11,31; 12,11), um sinal de que o retorno de Cristo estava próximo. Algum tempo depois, o mesmo fato foi discernido como fazendo parte do tempo de prenúncio das tribulações (Mc 13,1-2.19; Ap 7,9-14) que viriam antes da parusia.

A situação de judeus e de cristãos após a destruição do templo se agravou, principalmente durante o reinado de Tito Flávio Domiciano (81-96 E.C.). Além de ter sido um déspota, Domiciano fez com que o culto imperial chegasse ao apogeu, desencadeando a morte de grande número de judeus e de cristãos que se recusaram a praticar idolatria. Nesse contexto de martírio, de guerras e de fome, as pessoas se perguntavam "até quando?" (Ap 6,10).

Há quem assegure que o contexto histórico em que surgiu o *Apocalipse* não pode ser designado como uma grande perseguição aos cristãos, pois as ações de Domiciano não teriam trazido consequências tão drásticas fora da cidade de Roma e,

---

[1] LOHSE, Eduard. *Contexto e ambiente do Novo Testamento*. São Paulo: Paulinas, 2000. p. 196.

portanto, não teriam exercido grandes influências na elaboração do texto do *Apocalipse*.[2] Contudo, não se pode deixar de considerar a construção de um templo em honra de Domiciano, na cidade de Éfeso,[3] e as consequências disso, nas esferas política e social, para quem se recusasse a realizar um gesto mínimo de culto a Roma e ao seu imperador. Isso definitivamente foi compreendido como insubordinação ao poder constituído e crime de *lesa-majestade*. Além disso, o *Apocalipse* menciona prisões e mortes por causa do anúncio do Evangelho e do testemunho de Cristo (1,9; 6,9; 12,11; 13,15; 20,4).

Não se pode deixar de mencionar que, num clima de tensões generalizadas, o menor gesto de recusa ao cumprimento de uma ordem imperial poderia desencadear uma hostilidade, fazendo com que os patrícios[4] denunciassem às autoridades o pacato cristão, que se tinha esquivado de queimar incenso perante a estátua do imperador ou da deusa de Roma. Era um tempo de insegurança para os romanos, em que houve várias trocas de imperadores no curto período de trinta anos (Nero, Galba, Otônio, Vitélio, Vespasiano, Tito e Domiciano). Revoltas estouravam por toda extensão do império. Tudo isso favorecia um clima de tensão, desconfiança e hostilidade.

As comunidades destinatárias do *Apocalipse*, na região da Ásia Menor (Éfeso, Esmirna, Pérgamo, Tiatira, Sardes, Filadélfia, Laodiceia), viviam nesse contexto de hostilidade à práxis cristã e, além disso, elas também passavam por diversas crises internas como: descrença na parusia (2Pd 3,4), a difu-

---

[2] KOESTER, Helmut. *Introdução ao Novo Testamento*. São Paulo: Paulus, 2005. v. 2: História e literatura do cristianismo primitivo, p. 269-271.

[3] Ibid. Koester também não vê grandes problemas a respeito da construção desse templo em Éfeso.

[4] Pessoas com cidadania romana ou pertencentes à classe nobre do império.

são de doutrinas estranhas à experiência de fé dos primeiros cristãos (2Jo 7), tensões e divisões (2Pd 2,1), conflitos com a sinagoga (Jo 9,22) etc. Enquanto alguns optavam pela fidelidade até o martírio, outros desistiam do seguimento de Jesus ou criavam facções rivais às comunidades de origem (3Jo 9). Tudo isso é retratado de alguma forma no Livro do *Apocalipse*.

A composição do *Apocalipse*

O *Apocalipse* não foi escrito de uma vez; há indícios de que seu término deu-se por volta do ano 100 E.C., mas foi desenvolvido em, pelo menos, três etapas. Os capítulos 4-11 parecem ser os mais antigos e podem ter sido escritos no tempo do imperador Nero (54-68), quando este desencadeou uma situação de hostilidade contra os cristãos ao responsabilizá-los pelo incêndio da cidade de Roma. A situação se agravou com a revolta judaica (a partir de 66 E.C.) e a destruição do Templo de Jerusalém pelo exército romano (70 E.C.).

Presume-se que a segunda etapa da redação do *Apocalipse* pertença ao tempo do imperador Domiciano, por volta do ano 90 E.C., quando nova situação de hostilidade exigiu maiores reflexões. Nesse contexto teriam sido escritos os capítulos 12-22. E, finalmente, em torno de 95 a 100 E.C. alguns acréscimos foram necessários para finalizar a obra: os capítulos 1-3 (introdução) e 22,16-21 (conclusão).

O projeto teológico do autor do *Apocalipse*: a história da salvação

O tempo da Igreja, entre as duas vindas de Cristo, constituiu-se um paradoxo. Por um lado, a comunidade cristã anuncia que o Reino de Deus está à mão, ou seja, que a soberania divina está sendo exercida até mesmo sobre o mal, mas, por outro lado, o mal parece ter tomado proporções gigantescas nunca vistas, pois, se antes ele era simbolizado por uma serpente, agora é representado por um dragão (Ap 12,9).

O Livro do *Apocalipse* surgiu com o objetivo de garantir que a vitória sobre o mal já aconteceu por meio de Jesus e que Deus porá fim a tudo o que estava acontecendo com os cristãos, ou seja, o *Apocalipse* visa a assegurar a fé e a esperança de que o mal deixará de existir afinal.

Apesar da hostilidade à fé cristã, que provocou o martírio de muitas pessoas, o *Apocalipse* deseja mostrar que a história tem sentido. É na vida, morte e ressurreição de Cristo que a trajetória humana encontra seu significado mais profundo. Por isso, o *Apocalipse* releu o Primeiro Testamento e a tradição apostólica sobre Jesus para dar a conhecer "o que vai acontecer em breve" (Ap 1,1; 22,6), isto é, o desenrolar do desígnio de Deus sobre os acontecimentos.

A história é o lugar da revelação de Deus, é história da salvação, tendo, desde o início, um propósito divino a respeito do ser humano: que este realize plenamente suas potencialidades, como *imagem e semelhança* de seu Criador, vivendo num mundo sem males. Contudo, o mal entrou no mundo e a criação inteira ficou marcada pelas consequências do desajustamento humano à vontade divina. Para reconduzir a humanidade ao seu propósito, Deus escolheu o povo de Israel como aquele que carrega bênção divina e por meio do qual ela chega até às nações (Gn 12,3; 18,18). Mas o povo de Israel também se tornou parte do problema que deveria solucionar,[5] ele

---

[5] WRIGHT, Nicholas Thomas. *O mal e a justiça de Deus.* Viçosa: Ultimato, 2009. p. 42.

também faz conluio com o mal que deve combater e, muitas vezes, duvida de que Deus esteja consigo (Ex 17,7).

Um retorno às origens para entender o presente e ter esperança no futuro

O *Apocalipse* não se preocupa em retomar as profecias triunfalistas sobre Israel, objetivando projetar a realização delas no final da história. A releitura que o autor faz das origens do universo tem por finalidade mostrar como Deus está empenhado, desde o início, em realizar não apenas um conserto no mundo deteriorado pelo mal, mas levar a criação à plenitude. A entrada do mal no mundo atrasou a obra que Deus havia começado e da qual ele pretende descansar no sábado escatológico.[6]

Para realizar uma reinterpretação da história humana à luz da ressurreição de Cristo, o autor do *Apocalipse* toma como trampolim a realidade das comunidades cristãs do tempo dele. Uma Igreja em relação com Israel e com as nações, e envolvida com os problemas daquela época. Conforme o *Apocalipse*, a ruína de Jerusalém, realizada pelo Império Romano (identificado com a expressão "as nações"), não é um problema recente, como poderiam pensar os judeus e cristãos do final do século I E.C., mas o ápice de algo que vem acontecendo há muito tempo. É necessário ir às origens para entender esse evento em profundidade.

No Hino da Criação, no primeiro capítulo do Gênesis, Israel manifesta sua fé no Deus Criador, no poder da Palavra e

---

[6] Nos tempos da dominação greco-helenista, já se substituía a expressão "sétimo dia" por "último dia", e a *LXX* traduz por ἡμέρα ἡ ἐσχάτη (cf. Ne 8,18). No mesmo sentido, Jo 7,37, com a expressão ἐσχάτη ἡμέρα.

na beneficência da criação. Mas, comparando a afirmação de Gn 1 – "e viu Deus que... era benéfico"[7] – com o mundo atual, nota-se que o propósito divino não está se cumprindo, há uma contradição mostrada, principalmente, por meio da escassez (fome), das enfermidades e da morte. Essa contradição tem de ser superada em um mundo sem o mal, onde não haverá fome nem sede, nem lágrimas, e a morte será tragada (Is 25,8; 49,10). Por isso, Israel crê numa jornada de Deus para restabelecer o seu propósito. Para mostrar essa iniciativa divina, a Torah afirma que o Senhor ordenou a construção da Tenda do Encontro, um tabernáculo (*mishkan*) onde pudesse "habitar (*shakan*) no meio deles" (Ex 25,8). A Tenda seria uma cópia do Santuário do céu (Ex 25,9). O Livro das Lamentações, ao descrever a destruição do Templo de Jerusalém, em 587 a.E.C., parece evocar o jardim de Gn 2: "Demoliu com violência a Tenda como um Jardim, destruiu o [lugar] do encontro" (Lm 2,6). Em Gn 3,8, afirma-se que à tardinha, na virada do dia, o Senhor veio encontrar-se com o ser humano, mesmo depois que este havia dado atenção à sedução do mal. Portanto, enquanto a humanidade não tiver acesso ao Jardim, ou Santuário celeste, deveria encontrar-se com Deus no Santuário terrestre, o Lugar do Encontro.

A destruição do Templo de Jerusalém

A existência do Templo de Jerusalém, portanto, fazia parte da estratégia de Deus, na sua luta contra o mal. Ali os sacerdotes e os sacrifícios eram o memorial constante de que a graça se sobrepõe ao pecado. No templo, a cada ano se ce-

---

[7] A expressão hebraica *ki-tôv* pode ser traduzida por belo ou bom, no sentido de ser benéfico.

lebrava a festa de *Sukkôt* (Tendas, Cabana ou Tabernáculos), durante a qual o povo da aliança intercedia pelas nações.[8] Nesse sentido, a destruição do templo demonstra o quanto as nações estavam na ignorância, pois devastaram o lugar onde o povo da aliança pedia a bênção de Deus para elas. Contudo, também Israel havia se desviado do propósito do templo, pois os sacerdotes, que deveriam oferecer sacrifícios para exaltar a graça de Deus, fizeram conluio com o mal e passaram a pôr em relevo apenas o sistema sacerdotal exclusivista e corrupto. Por isso o ato profético de Jesus purificar o templo significa que o Lugar do Encontro não mais servia ao seu sublime objetivo e o encontro entre Deus e a humanidade foi transferido do templo para a cruz e ressurreição de Jesus.[9]

Ao abordar a destruição do templo no capítulo 11, o *Apocalipse* lida com essas questões para melhor esclarecer seus leitores sobre os acontecimentos. O autor afirma que lhe foi ordenado medir "o santuário de Deus, o seu altar e os que naquele adoram" (v. 1). Isso denota os remanescentes fiéis do povo de Israel e que reconheceram Jesus como messias. Em Ap 7,1-8, eles são os cento e quarenta e quatro mil. Quanto ao átrio exterior do templo, João recebe orientação para não medi-lo (v. 2), pois deve-se esperar a adesão à mensagem de Jesus por parte dos judeus e das nações. Enquanto isso não acontece, dois personagens têm a tarefa de levar às últimas

---

[8] Tanto no texto de Nm 29,13-36 quanto no texto do tratado Sukkah 55b (do Talmud da Babilônia), na Festa dos Tabernáculos se oferecem setenta novilhos mais um. Setenta sacrifícios por todas as nações e mais um por Israel.

[9] WRIGHT, *O mal e a justiça de Deus*, p. 81: "Jesus incorporou e expressou o julgamento do Deus de Israel sobre o Templo, que era o ponto central da vida do povo que rejeitou o chamado de Deus, por meio dos profetas e agora recusava esse chamado por meio do Filho. A ação de Jesus, um símbolo claro (como em Jeremias) do julgamento que viria, mostrou que agora o Deus de Israel seria conhecido, não por meio do sistema de sacrifícios, mas por meio de uma nova aliança".

consequências o testemunho de Jesus. A missão deles evoca os atos de Moisés e de Elias (v. 6). Mas, simbolizam a Igreja enviada a judeus e gentios como analogia às tarefas desses dois profetas. Uma Igreja que morre e ressuscita como seu Mestre e Senhor (v. 7-11). Depois disso, a sétima trombeta pode soar, anunciando o estabelecimento definitivo do Reino de Deus (v. 15-18).

"Abriu-se, então, o Santuário de Deus, que se acha no céu" (v. 19). Com isso o autor conclui que a destruição do Templo de Jerusalém, cópia do Santuário Celeste e figura do Jardim, não é apenas um ato poderoso do mal, é o início do fim, é a manifestação de que as coisas provisórias devem ceder lugar ao que é definitivo. A destruição do Templo de Jerusalém é um acontecimento paradoxal, é uma ação do mal contra o povo da aliança, que mostra o alto nível a que o mal chegou; mas também significa que os descendentes de Abraão, vocacionados a ser luz para as nações (Is 42,6), não deram cabo dessa missão e o templo, com seu sistema de sacrifícios, perdeu o objetivo de exaltar a vitória de Deus sobre o pecado, porque também ele estava maculado pelo mal.

A destruição do templo é um sinal que aponta para um mundo sem o mal, simbolizado pela nova Jerusalém. Se a primeira Palavra de Deus no Gênesis foi "Faça-se" (Gn 1,3), a primeira palavra emitida pelo que está sentado no trono é: "Faço tudo novo" (Ap 21,5). O primeiro céu e a primeira terra desaparecem (Ap 21,1), dando lugar a uma nova criação. O autor insiste em incutir a novidade, repetindo o termo até quatro vezes: vv. 1 (duas vezes), 2 e 5. A nova Jerusalém personifica a nova "cidade" dos que foram salvos. Com sua descida do céu, a totalidade do cosmos fica incorporada ao âmbito de Deus. Uma nova relação se instaura, as novas núpcias de Deus com o povo são inauguradas (Os 2,16-25; Jr 2,1-3; Is 61,10; 62,4ss). Por isso também se afirma que não há templo, "porque o seu templo é o Senhor, o Deus Todo-Poderoso, e o Cordeiro" (Ap 21,22). No mundo sem o mal, ou seja, na criação levada à plenitude, não haverá mediações no relacionamento entre Deus e o ser humano, o encontro será pleno.

O mundo sem o mal é algo nunca antes visto, é a criação levada à plenitude, quando a árvore da vida estará acessível a todos.

Então, mostrou-me um rio de água vivificante, brilhante como cristal que fluía do trono de Deus e do Cordeiro. No meio da praça e em ambas as margens do rio, está a árvore da vida, que produz doze frutos, dando o seu fruto de mês em mês, e as folhas da árvore são para a cura das nações (Ap 22,1-2).

Um mundo sob o poder do mal

Enquanto Deus está preparando a nova Jerusalém, o mal chega a proporções gigantescas na época em que o *Apocalipse* está sendo escrito, pois judeus e cristãos estão sendo hostilizados e mortos por causa da fé no Deus verdadeiro. Duas feras representam as forças do mal que a Igreja tem de enfrentar: uma que sobe do mar (Ap 13,1), do Ocidente, e representa as potências políticas divinizadas que se revezam no papel de tentar tomar o lugar de Deus; outra que vem da terra (em oposição ao mar, talvez queira representar o Oriente, a Ásia Menor, principalmente) e simboliza os falsos profetas ou as ideologias que seduzem as pessoas para colocar-se a serviço da primeira fera.

O Primeiro Testamento já havia mostrado, na narrativa sobre a torre de Babel (Babilônia), como a arrogância das potências políticas contra Deus estava chegando às alturas. A confusão das línguas indica o julgamento de Deus, ao impedir que a construção da torre obtivesse o efeito desejado, e, ao mesmo tempo, mostra a ação divina criando algo novo e surpreendente, mediante o chamado de Abraão, para abençoar todas as nações da terra. Os descendentes de Abraão devem edificar um Reino por meio do qual Deus irá derrotar e reverter, definitivamente, as ações do Egito, da Babilônia, de Roma e de todas as potências políticas divinizadas.

O chamado de Abraão tem a ver com o Reino de Deus, em contraposição à divinização das potências políticas. Mas também Israel caiu nessa sedução e pediu a Samuel um rei como as "outras nações" (1Sm 8,5), e até mesmo os discípulos de Jesus tiveram de ser corrigidos a esse respeito. Disse Jesus que os governantes deste mundo dominam os súditos, mas no Reino de Deus a atitude deve ser exatamente contrária a isto (Mc 10,35-45). Ao afirmar que o Filho do Homem veio para servir, dando a vida em *resgate de muitos*, Jesus evoca o Servo de Is 53. As potências políticas eliminaram o Servo, crucificaram Jesus e agora tentam destruir seus seguidores.[10] Isso significa que as forças do mal podem operar em todos os elementos humanos, como a política, a religião, as relações pessoais etc., mas não se deve concluir que o mal esteja reduzido a esses elementos, pois ele ainda permanece como um mistério.

As potências políticas contrárias a Deus, representadas pela primeira fera, recebem seu poder do mal, simbolizado pelo dragão (13,2).[11] Quando se lê que no enfrentamento dessa fera com seus adoradores está o Cordeiro, e seus seguidores

---

[10] Ibid., p. 72.

[11] Ibid., p. 43.

(14,1-5), duas perguntas podem vir à mente: quando essa luta começou? Qual será seu final?

A luta não é recente, ela faz parte de um combate que tem sido travado há muito tempo entre Deus e o mal (12,7-18). Isso é ilustrado numa batalha cósmica, na qual até mesmo as forças da natureza estão envolvidas (12,15-16), já que elas participam do mesmo destino da humanidade (Rm 8,19-21). A narrativa da batalha escatológica garante que o mal não é uma divindade, ele não tem acesso à esfera de Deus, por isso seu campo de ação é a criação, ou seja, o mundo (12,12b-13.17). A crucificação de Cristo e o martírio dos cristãos, no final do século I E.C., fazem parte dessa luta de Deus contra o mal. Isso é representado no grande sinal da mulher em dores de parto (12,1-6), a qual representa Israel e a Igreja (12,7), pois ambos receberam a missão de dar o messias ao mundo.

Em Ap 12,1-2 é-nos mostrada uma mulher, coroada com doze estrelas, exercendo a realeza entre as obras de Deus, dentre as quais ela é o centro e a responsável pela harmonia entre todos os elementos. Em oposição a essa mulher, prestes a dar à luz, há um dragão (12,3-4), um monstro tenebroso, causando desarmonia nos astros e na terra, provocando o caos na criação. O dragão tem dez chifres e sobre suas sete cabeças há sete diademas (12,3), ou seja, ele representa os diversos tipos de poder. O dragão odeia e planeja destruir o filho da mulher logo após seu nascimento para evitar que cresça e se torne poderoso, porque o menino "está destinado a ser o único governante das nações".[12] Atacá-lo logo após o nascimento é uma ação preventiva do dragão, pois a existência do menino

---

[12] LIMA, Anderson de Oliveira. Apocalipse 12: um conjunto literário. *Perspectiva Teológica* 42 (2010) 210.

representa uma ameaça para o mal, ou seja, todo poder usurpado não terá mais lugar quando o legítimo rei tomar o poder (Mt 2,2-3.13-16). Mas o filho da mulher foi levado para junto do trono de Deus (Ap 12,5), o dragão não pode mais atingi-lo, por isso voltou-se contra os outros descendentes da mulher, judeus e cristãos (12,17).

Essa narrativa sobre o sinal da mulher e do dragão elucida tanto os acontecimentos da vida de Jesus como os que estavam transcorrendo no final do século I E.C. As potências políticas divinizadas sabem que seus poderes são ilegítimos e que deverão submeter-se ao verdadeiro Reino de Deus. O que estava acontecendo no tempo de João era a mesma tentativa desesperada do dragão para impedir o crescimento do Reino de Deus sobre a terra.

Naquela mesma época os filhos de Abraão, os primeiros descendentes da mulher, estavam numa luta armada, na chamada revolta judaica, tentando impor o Reino de Deus como potência política sobre o Império Romano, ou seja, sobre as nações. Uma luta fadada ao fracasso, porque o Reino de Deus não é edificado com a guerra, pois não se pode contrapor o mal com o mal.

O Primeiro Testamento atribui aos tempos das origens o chamado de Israel para lutar contra o mal e edificar o Reino de Deus. Em Gn 3,15, há uma afirmação de que a semente da mulher pisaria a cabeça da serpente.[13] Em oposição à torre de Babel, essa semente é identificada com a descendência de Sem (Gn 11,10), da qual vieram Abraão e seus filhos. Portanto, os eventos do final do século I E.C. não são algo recente na

---

[13] Simbolismo para completa vitória. Veja Js 10,22-27.

história. Eles fazem parte da inimizade entre a descendência da mulher e a da serpente. É assim que João, seguindo a mesma linha de Gn 3, explica os acontecimentos de seu tempo.

Esse tipo de resposta ao problema do mal, dado por Gn 3 e pelo autor do *Apocalipse*, frustra a mentalidade moderna ocidental. Pensamos que merecíamos ter algo mais racional do que serpentes e dragões como resposta ao terrorismo, à violência urbana e à propagação de doenças. Mas a Bíblia não pretende dar nenhuma explicação metafísica sobre o surgimento do mal, ela apenas discerne sua atuação contra a criação de Deus, ou seja, contra o mundo e o ser humano.

Quando trata do tema do mal sem nos informar sobre a origem dele, a Escritura usa de uma honestidade impressionante. As origens do mal estão para além das fronteiras da capacidade cognitiva do ser humano. Há quem esteja a serviço dos dragões, mas quem são estes? De onde surgiram? Não há respostas. Isso pode ser inadmissível para a razão moderna, pois é difícil aceitar que não podemos conhecer algo. Mas o não saber sobre a origem do mal significa, primeiramente, que não somos deuses, estamos dentro dos limites da criação. A humanidade tem a missão de lutar contra o mal e não a de levantar teorias abstratas sobre ele.

A Bíblia enfrenta o problema do mal discernindo, à luz de uma profunda experiência de fé, a atuação dele na história, ou seja, no âmbito da criação. A Escritura descreve o que o mal está fazendo; encoraja a humanidade a enfrentá-lo; assegura que ele não é uma divindade e que pode e deve ser destruído; elucida a ação de Deus no combate ao mal; garante que no final haverá um mundo sem o mal e que este deve ser o horizonte a partir do qual nossas ações no tempo presente devem ser geradas.

"A Bíblia parece não querer dizer o que Deus tem a falar sobre o mal... O que o Antigo Testamento faz é falar intensamente, não sobre o que Deus diz a respeito do mal, mas sobre o que Deus pode fazer, está fazendo e fará com relação a ele."[14]

Conforme a Escritura, a pior ação do mal é a idolatria. A humanidade, que deve combater o mal, faz conluio com ele, associa-se a ele acreditando nas suas promessas mentirosas, de que o ser humano será igual a Deus (Gn 3,5). Essa é a primeira face da idolatria e a mais grave: a humanidade quer o lugar de Deus, quer usurpar algo que não lhe pertence, isto é, o discernimento do bem e do mal.

Como o ser humano é responsável pela criação, ao fazer conluio com o mal faz com que tudo seja marcado pelo caos. O mal, sempre simbolizado por monstros, desfigura o mundo virando-o de ponta-cabeça. "Em vez de adorar a Deus, como fonte da vida, os humanos dedicam sua lealdade à criação."[15] A humanidade se torna serva de quem deveria ser governada por ela. Dentro desse mundo desfigurado nenhum ser humano está isento da responsabilidade, todos participam do problema.[16]

A vocação de Israel é análoga à de um agente secreto, disfarçado no campo dominado pelo inimigo. Israel é o agente de Deus, seu trunfo contra a idolatria. Mas também Israel faz parte do problema que deve ajudar a resolver, pois não conseguiu pertencer integralmente a Deus, não o colocou em primeiro lugar, não o amou mais do que tudo, enfim, também Israel cometeu idolatria, também ele fez conluio com o mal

---

[14] WRIGHT, *O mal e a justiça de Deus*, p. 40-41.

[15] Ibid., p. 47.

[16] Ibid., p. 63.

e tornou-se semelhante a um agente duplo. Portanto, a luta continua, ela não atingiu o seu final com a vocação de Israel.

A vitória de Cristo sobre o mal

Jesus realizou a vocação de Israel. Mediante a vida, morte e ressurreição de Jesus, Deus venceu o mal. Então, por que o mal parece tão atuante ainda hoje? Como podemos entender essa vitória de Cristo? Como uma morte cruel pode ser a vitória sobre o mal? Não parece exatamente o contrário? Em várias passagens bíblicas o poder do mal está vinculado à morte. Ela é tratada como um inimigo a ser destruído (1Cor 15,26). Como entender essas afirmações da Escritura?

Imaginemos a seguinte situação:

> Um policial, pai de uma criança pequena, orienta-a a não abrir a porta a ninguém enquanto ela estiver sozinha em casa. Diz para a criança que ele voltará logo, pois irá apenas até o próximo quarteirão. Logo depois que o pai sai, a campainha toca. Depois de um diálogo pelo interfone, o estranho visitante convence a criança a deixá-lo entrar. O estranho é um sequestrador. Tudo e todos que estão na casa ficam sob seu poder.
>
> O policial volta logo, mas não pode agir imediatamente. Fica sem ação, não porque não ame a sua criança, não porque não é capaz de vencer aquele estranho. O pai não pode agir porque o sequestrador ameaça destruir a criança. O único poder que o sequestrador tem sobre o pai é o de matar a criança. Não fosse por isso, o pai agiria imediatamente.
>
> Mas essa situação não pode durar para sempre. O pai não vai desistir de libertar sua criança. Ele executará estratégias para derrotar o sequestrador, e irá derrotá-lo, finalmente, quando a morte não for mais uma ameaça pairando sobre a criança.

Talvez essa narrativa carregada de figuras modernas, em vez de serpentes, jardins e frutos proibidos, possibilite entendermos o que Gn 3 quer dizer-nos sobre deixarmos o mal entrar na bela criação de Deus, desfigurando todos os seres e ameaçando-nos constantemente com a morte/o caos. A morte é o trunfo do mal contra Deus. O mal não foi destruído imediatamente porque corríamos perigo de desaparecer juntamente com ele. Mas se a morte deixar de ser uma ameaça, se ela não for mais o fator que dá poder ao mal, então ele será totalmente destruído.

É nesse sentido que a morte de Jesus é vitória sobre o mal: sua vida foi concorde com a vontade de Deus e sua morte foi consequência da fidelidade com que ele viveu. Jesus não cometeu idolatria, ele não fez conluio com o mal, não cedeu às suas seduções, nem mesmo quando a perspectiva da cruz o apavorou (Mc 14,36). O relato das tentações é resumo de sua opção fundamental por adorar somente a Deus e somente a ele servir (Mt 4,1-10). Jesus é o ser humano que não temeu as ameaças do "sequestrador". Ele preferiu sofrer uma morte terrível antes que se submeter ao mal. O relato sobre as tentações de Jesus são uma recapitulação das tentações do casal humano no Éden, e de Israel no deserto. Jesus venceu onde os seres humanos, e até mesmo Israel, falharam. O conluio de Caifás com Herodes e Pôncio Pilatos significa que Israel, o povo escolhido para trazer a solução a respeito do mal, faz parte da estrutura profunda do problema, pois o sistema do templo condena Jesus e o entrega à potência política divinizada, à qual o povo da aliança deveria contrapor-se.

Os sistemas humanos se excedem em todos os aspectos e acabam colocando Jesus na cruz... A referência ao "poder das trevas", feita por Jesus instantes antes da traição (Lc 22,53), indica a consciência de que... os soldados, o traidor, os discípulos desnorteados e o tribunal corrupto são apenas figurantes. A zombaria dos espectadores, enquanto Jesus está pendurado na cruz... é o eco da sarcástica e tentadora voz que havia sussurrado no deserto... o jovem profeta judeu torturado e pendurado na cruz representava o momento em que o mal se tornou verdadeira, plena e totalmente autêntico.[17]

Mas o Pai de Jesus não o deixou na morte, ele o ressuscitou. A resposta de Deus à ação do mal foi a ressurreição de Jesus, estendida a todo ser humano que o aceite como redentor e resgate.

Continuando a *analogia do sequestrador*, podemos dizer que Jesus se ofereceu para tomar nosso lugar como vítima do sequestro. E como o único poder do *sequestrador* era a ameaça de morte/caos, esse poder teve seu fim, já que Cristo esteve morto e agora vive para sempre (Ap 1,18).[18] E se ressuscitamos como Cristo podemos cantar um cântico de vitória (Ap 15,3-4; 19,1-8) e dizer "Onde está, ó morte, a tua vitória? Onde está, ó morte, o teu aguilhão?" (1Cor 15,55). A cruz é a prova da fidelidade de Jesus até o fim. A ressurreição é a prova do amor do Pai ao aceitar que seu Filho legítimo troque de lugar com seus filhos infiéis e sirva de resgate por eles, sofrendo uma morte horrível na cruz.

Como na parábola dos vinhateiros homicidas (Mt 21,33-39), o mal quis eliminar o herdeiro legítimo. Ou, conforme Ap 12,4, o dragão quis destruir o filho da mulher. Contudo, Jesus foi em tudo mais do que vencedor, e nós também seremos se permanecermos nele (Rm 8,37). Muitas pessoas não entendem a associação entre "o pecado" (idolatria, transgressão da vontade de Deus) e a morte. Quando os antigos diziam que a consequência do pecado é a morte (Gn 2,17; 3,3-4; Rm

---

[17] Ibid., p. 71-73.

[18] Em Cl 2,14, usa-se a metáfora do documento (manuscrito) como prova de uma dívida que o "credor" usava contra o ser humano para mantê-lo sob seu poder. Essa dívida, que nos fazia escravos do mal, não mais existe, foi destruída na cruz.

6,23), não estavam reduzindo a questão ao corpo físico, antes de tudo estavam se referindo à sublime vocação humana de ser à imagem e semelhança de Deus (Gn 1,26). Nesse sentido, "o pecado" é análogo à obstrução do cordão umbilical para o feto, ou o "equivalente espiritual do que acontece quando um mergulhador corta seu próprio tubo de oxigênio". Esse tipo de ruptura nunca aconteceu na vida de Jesus, nisso ele é diferente de nós (Hb 4,15), por isso ele é o verdadeiro humano, critério e alvo de humanização (Ef 4,13; Cl 1,28).

Contudo, se pela cruz-ressurreição de Jesus não estamos mais sob o poder da morte/do caos, por que ainda sofremos os seus efeitos? A teologia tem respondido a essa pergunta a partir do conceito de dupla cidadania ou da expressão *já e ainda não* do teólogo Oscar Cullman.[19] *Já* fazemos parte do mundo vindouro, da nova Jerusalém, onde o mal não tem poder; mas *ainda* permanecemos no mundo atual, no qual muitas pessoas não sabem que o *sequestrador* foi vencido e por causa disso permitem que a *casa* inteira (este mundo) seja atormentada pelo adversário. Quando alguém deixa o *sequestrador* tomar posse da casa, todos os que ali estão sofrem sob o poder das forças caóticas em ação. Quando isso acontece, o principal alvo são os seguidores do Cordeiro, porque são pessoas esclarecidas a respeito da vitória na cruz-ressurreição e, na força dessa vitória, mantêm a fidelidade à vontade de Deus e não se curvam à idolatria.

João evoca essa dupla cidadania, à qual os cristãos pertencem, com o simbolismo do arrebatamento do Vidente aos céus. Enquanto na terra os cristãos estão sendo martirizados e parece que a fé/fidelidade vai desaparecer, enquanto se pensa

---

[19] CULLMAN, Oscar. *Cristologia do Novo Testamento.* São Paulo: Liber, 2001.

que os mártires são fracassados e perdedores para as potências políticas divinizadas, no céu estão vitoriosos cantando "o cântico de Moisés, servo de Deus, e o cântico do Cordeiro" (Ap 15,3) porque são duplamente livres, foram libertados do poder político que os oprimia (Cântico de Moisés, Ex 15,2-9) e da morte, pela ressurreição de Cristo (Cântico do Cordeiro).

Em Jl 4,13 (no texto hebraico: 3,13), compara-se o julgamento com uma ceifa e vindima. O *Apocalipse* retoma essa imagem, mas muda o seu significado. No vindimador saído de Is 63,1-6, a hermenêutica judaica tinha percebido a figura do messias esmagando os inimigos de Israel. No *Apocalipse*, ao contrário, é a ceifa do bom grão e a vindima da boa uva (Ap 14,14-20). Pois para destruir o mal o Messias não derramou o sangue dos outros, mas o seu próprio sangue foi derramado em resgate por todos (Hb 2,9). O sangue que embebe o manto do messias (Ap 19,13) é, primeiramente, seu próprio sangue e o de seus seguidores, mártires pela fé. É por seu sangue, sua vida-morte-ressurreição que Cristo triunfa sobre o mal, e com seus seguidores não acontece diferente, eles são as boas uvas pisadas no lagar fora da cidade (14,20), e o sangue deles embriaga a prostituta Babilônia (símbolo do Império Romano). Portanto, a imagem do julgamento, apresentada dessa forma pelo *Apocalipse*, mantém a todos na esperança, pois, não temendo a morte e o mal, os cristãos são o vinho bom junto com Cristo na festa escatológica. Isso não é uma alienação e conformismo em relação aos *sofrimentos do tempo presente* (Rm 8,18). É, ao contrário, força para a resistência. Os dois mundos estão justapostos, são coexistentes, Deus já está criando um mundo novo sem o mal. Isso já é pleno na realidade celeste e depende de nós para realizar-se neste mundo presente.

Um mundo sem o mal: o último capítulo do drama humano

A Bíblia não faz especulações sobre a origem do mal, os autores antigos foram sensatos e corajosos. Enfrentaram o problema do mal na vida e na reflexão escrita para ajudar as pessoas a serem fiéis em tempos de crise. A Bíblia se preocupa em descrever o mal atuando no mundo, em assegurar que Deus está no controle de tudo e em mostrar a responsabilidade humana, seja em consentir no mal, seja em combatê-lo. Para efetivar uma reflexão escrita sobre essa questão, foi necessária grande fadiga teológica. O uso dos símbolos, para tentar expressar essas realidades, mostra os limites humanos, pois o mal possui uma dimensão oculta. Há na atuação do mal, ou seja, por dentro e por trás das estruturas sociais e existenciais, muito mais do que olhos carnais podem ver (Ef 6,12). Há uma força que não deixa de ser real por ser difícil de descrever. Uma teologia sobre a ação do mal no mundo é análoga à teoria sobre os buracos negros no universo, são as únicas formas de explicar certos acontecimentos, "o mal é o equivalente espiritual e moral dos buracos negros".[20] Quanto mais ausente estiver o bem, mais perigosa é a realidade.

Os autores bíblicos sabem que o problema do mal foi tratado desde tempos imemoráveis por todas as civilizações. O ser humano se questiona sobre qual a sua responsabilidade diante desse problema. Os mitos mais antigos mencionam um mundo sem o mal. E mesmo quando atribui culpa a alguma divindade pela entrada do mal no mundo o ser humano desconfia que ele mesmo não está isento de responsabilidade a

---

[20] WRIGHT, *O mal e a justiça de Deus*, p. 97 e 101.

esse respeito. Além de perceber a responsabilidade humana a respeito do mal no mundo, também é inegável o anseio de todos os povos, expressos numa variedade de mitos, sobre a existência de um mundo sem o mal. O ser humano se percebe como alguém que está numa estação, mas que ainda deve avançar para outra estação que seja o seu real destino. Estamos em trânsito, este mundo cheio de provas e de expiações ainda não é a meta para a qual fomos criados, devemos avançar para outra realidade.

Como mencionado anteriormente, era comum nos mitos cosmogônicos simbolizar o mal ou o caos/a morte com as figuras do mar, da serpente ou de um monstro marinho (dragão de várias cabeças). A Bíblia reinterpretou esses antigos mitos na perspectiva da fé de Israel. O relato da criação em Gn 1 afirma que, antes de tudo, o Espírito Santo (*Ruach Ha Kodesh*) pairava sobre as águas. Essa imagem sugere, ao mesmo tempo, um coito e uma atitude típica do vencedor sobre o vencido, quando os pés de um são postos sobre a nuca do outro. Na narrativa do pecado, em Gn 3 se sugere que o ser humano tem a tarefa de vencer a serpente. E no final do dilúvio, quando Deus vence as águas caóticas, a aliança com toda a criação é estabelecida, tendo como sinal o arco do Senhor (Gn 9,13-17), à semelhança do arco de Marduque e do arco--íris, como ainda hoje é conhecido. Nos mitos antigos, o arco nas nuvens após a chuva, bem como os raios das tempestades, simbolizavam as armas da divindade para destruir o monstro do caos. O arco significava que o caos havia sido derrotado, o cosmos prevalece.

Também a vitória de Deus, por meio de Moisés, sobre o Nilo e o mar, estão nessa mesma perspectiva. O Egito e o mar são equivalentes e constituem o grande inimigo de Deus.

Os textos de Is 11,15 e do Sl 74,12-18 apoiam essa leitura. Ao vencer o caos e o inimigo político, Israel estará livre para fazer a travessia pelo deserto, para uma "terra onde corre leite e mel". A terra prometida é o sinal de um mundo sem o mal. Em Dn 7, o *corpus* interpretativo dessas passagens ganham um novo *status*. O Filho do Homem vence os monstros marinhos, os impérios opressores de Israel, e, após esse acontecimento, se estabelece o Reino de Deus.

O *Apocalipse* retoma tudo isso e mostra como Deus está empenhado em combater o mal. Mostra, também, como Jesus realizou a vocação de Deus durante toda a sua vida, que culminou numa morte de cruz. E como a ressurreição de Jesus é a certeza da vitória sobre a morte e o mal. O *Apocalipse* elucida também que Deus está fazendo algo novo, está criando um mundo sem o mal, isso é uma obra (labor) especificamente dele, mas necessita de nossa colaboração. O mundo sem o mal é uma herança que se recebe, um tabernáculo para o qual se é convidado, não é obra de mãos humanas (Hb 9,11). Da mesma forma que os hebreus tiveram de atravessar o deserto para chegar à terra prometida, nossa colaboração está em fazer a travessia, acreditando que nossa estação de destino é um mundo sem o mal.

Na travessia dos hebreus pelo deserto estava a fidelidade ao Deus libertador. Na nova travessia está em risco a implementação da vitória da cruz-ressurreição de Jesus (Hb 3,7-19). O primeiro passo para isso é uma reeducação de nossa imaginação. Nosso horizonte de mística e de ação deve ser o mundo onde o mal não mais existe. O cristão de hoje deve assemelhar-se a João de Patmos e ver o invisível, imaginar o inimaginável (1Cor 2,9). O *Apocalipse* usa vários símbolos para ativar nossa capacidade imaginativa. O mal já não existe no mundo novo que Deus está criando (21,1); o mal foi totalmente destruído, é um mundo sem mácula, como uma noiva virgem enfeitada para o noivo (21,2.9). É um mundo real, embora seja difícil de imaginar, é uma realidade tão concreta quanto uma cidade, mas, ao mesmo tempo, tão inédita, tão maravilhosa e tão bela, não tendo nada a que se assemelhe no mundo atual.

João a chama de nova Jerusalém, em oposição à cidade opressora de sua época, Roma, que destrói o templo e mata os cristãos.[21] A nova cidade que Deus está criando é pintada por João como gigantesca, com outra física, com uma energia vibrante (Ap 21-22). Esses símbolos querem, por um lado, dar conta de dizer que se trata de uma realidade sensível, embora somente no nível da fé, e, por outro lado, afirmar que não se trata simplesmente de uma solução para os problemas dados por algum sistema político que em nossa condição humana atual poderíamos efetivar a partir de técnicas e procedimentos. Não se trata deste mundo consertado por algum país desenvolvido ou por novas descobertas científicas. Mas sim de um novo mundo, no qual o ser humano será uma criatura regenerada.

Imaginar um mundo onde o mal não mais existe deve ser o motor que direciona a caminhada cristã rumo a esse alvo. Há que se viver o tempo presente tendo a nova Jerusalém como horizonte e destino final da travessia. Deve-se viver, agora, como se já se estivesse de posse da plena cidadania celeste. Não se trata de uma alienação, ao contrário, é uma imersão na realidade presente, a partir daquele horizonte dinâmico, tra-

---

[21] No *Apocalipse,* Roma sempre é denominada como Babilônia, porque ambas foram capitais de grandes impérios com o mesmo nome. Ambos os impérios destruíram o Templo de Jerusalém, situação entendida como sendo um crime abominável e em alto grau de arrogância contra Deus.

zendo para dentro do mundo atual a bela cidade que Deus já está criando. É isso que João convida seus leitores a fazer, e nos convida hoje a ter a mesma atitude.

Jesus ensinou seus seguidores a pedir ao Pai que o Reino se fizesse presente aqui e agora. No *Apocalipse*, ora-se e celebra-se o tempo inteiro. O livro pode ser resumido numa grande liturgia celeste, na qual toda a criação canta e louva a Deus e ao Cordeiro pela vitória sobre o mal que está acontecendo na terra mediante a fidelidade dos mártires e que já é plena nos céus. Por meio da oração e da liturgia já se participa, no aqui e agora, do mundo novo que está sendo criado.

A vida de santidade dos cristãos no mundo presente, inclusive, com a possibilidade de morrer pela fé, já é uma participação no mundo vindouro. A nova Jerusalém não é algo que se acrescenta à vida atual, mas a plenificação do que já se começa a viver agora. A vida presente é profecia em ato daquilo que será na pós-morte, a nova Jerusalém começa aqui e agora. O nosso viver e o nosso morrer são testemunhos daquilo em que acreditamos. A fé não é um sentimentalismo, é um modo de viver. A fé é algo que pode ser visto, que deve ser mostrado (Tg 2,18). Foi assim que o Cristianismo sobreviveu ao Império Romano. Os modos de viver e de morrer dos cristãos conquistaram novos seguidores de Jesus.

Os primeiros cristãos transformaram a morte num ministério. O ingresso deles na comunidade começou com a aceitação da morte redentora de Jesus sobre seus pecados. Essa aceitação implicou a morte do velho eu (ego) de sua vida anterior à fé. Por fim, eles enfrentaram a hostilidade de uma potência política divinizada, dando a vida por aquilo em que acreditavam. A morte, para eles, já não estava cheia de medo temporal ou consequências eternas, porque Cristo havia morrido e ressuscitado por eles. O "sequestrador" não tinha mais poder sobre eles. Os cristãos de hoje devem ter a mesma atitude que os mártires: ver a morte de modo sacramental, ou seja, como uma experiência física, por meio da qual uma graça é mediada.

A morte revela como alguém viveu, em que acreditava e qual era sua opção fundamental. Mostra se a pessoa entendia como algo que lhe foi emprestado ou como um bem que lhe foi confiado. A morte está incluída na vida e faz parte do caminho para um mundo sem o mal. Para o cristão, a morte não é um momento pontual, ela se estende ao longo da vida e esta presente até mesmo nas promessas matrimoniais de jovens nubentes. Na juventude, abdica-se da infância. No decorrer da vida, abdicamos de amores, parentes, amigos, dos filhos que saem de casa. Na aposentadoria, deixa-se para trás uma vida profissional. Na velhice, a vitalidade física vai se manifestando a cada momento. Morremos ao longo da vida, renunciamos a muitas coisas e pessoas que pensávamos ser impossível viver sem elas. Por fim, é-nos pedido um desapego dessa vida presente para possuirmos aquele bem que motivou todas as nossas renúncias, uma vida plena num mundo sem o mal, horizonte de sentido de nossa vida presente.

A fé na ressurreição de Jesus exige uma nova postura diante do viver e do morrer. A maioria dos cristãos de hoje não percebe que tem uma postura diante da morte que é totalmente oposta à fé na ressurreição.

Por fim, a busca por *justiça* faz-nos participar desde já do mundo sem o mal.

"A ética cristã não consiste em uma lista de 'permissões e proibições'. Antes, trata-se de um chamado para viver no mundo novo de Deus, seguros de que a idolatria e o pecado foram derrotados na cruz e de que a nova criação começou na Páscoa."[22]

Mas nem todas as pessoas estão conscientes ou aceitam essa realidade nova. Geralmente, os poderes políticos querem instaurar o velho mundo, fazendo dos mais simples um alvo fácil do egoísmo absolutizado. É missão do cristão lembrar constantemente às autoridades a tarefa principal que lhes foi confiada: fazer justiça, ou seja, garantir que as pessoas vulneráveis recebam todo o cuidado necessário, para ter uma vida com dignidade. O cristão proclama que Jesus é o rei do universo, portanto deve esclarecer a todos que nenhuma potência política ou autoridade pode ser divinizada, mas que a elas foi confiada uma tarefa pelo povo, a qual deve ser posta em prática. Denunciar um sistema político ou uma autoridade opressora é exigência da fé no Cristo Rei. Somente a Deus a honra e o poder. A nenhuma criatura, situação, sistema de governo ou autoridade política deve ser dado o que somente a Deus pertence. Eis o porquê de os primeiros cristãos desprezarem a própria vida e submeterem-se a mortes violentas.

"E todas as criaturas que estão no céu, na terra, debaixo da terra e no mar, e tudo o que aí se encontra, eu as ouvi dizer: 'Ao que está sentado no trono e ao Cordeiro, o louvor e a honra, a glória e o poder para sempre'" (Ap 5,13).

---

[22] WRIGHT, *O mal e a justiça de Deus*, p. 107.

Conclusão

A definição de um escrito, se é ou não apocalíptico, não é unânime nos comentários acadêmicos. Conforme Hanson, geralmente se tem pouco entendimento da natureza intrínseca apocalíptica e considera-se apenas os elementos comumente encontrados nos livros tipicamente representantes desse tipo de literatura, como Daniel e o Apocalipse de João. A presença desses elementos não é suficiente para determinar uma pertença a esse gênero. Hanson critica os modernos comentários que trazem uma lista sem fim de elementos literários usados para classificar uma obra como apocalíptica. "Como alguém pode entender o que seja apocalíptica a partir de uma lista destas?"[1] Contudo, também Hanson não oferece uma definição satisfatória.

Encontramos em André Paul e Rodríguez Carmona[2] uma possível solução do problema: a combinação dos elementos que compõem o gênero apocalíptico com uma teologia da história humana – história da salvação. Essa teologia da história contempla desde as origens do mundo, quando surgem as promessas divinas, depois se detém no tempo do autor real, quando os acontecimentos contrariam as promessas, tornando-as impossíveis de se realizarem. Por isso, aponta para o fim dos tempos, quando se dará o cumprimento total dos desígnios divinos. Isso significa que Deus governa a história. Cabe ao

---

[1] HANSON, Paul D. *The Dawn of Apocalyptic;* The Historical and Sociological Roots of Jewish Apocalyptic Eschatology. Philadelphia: Fortress, 1979. p. 7.

[2] PAUL, André. *O que é intertestamento.* p. 64. RODRÍGUEZ CARMONA, Antonio. *La religión judía;* historia y teología. Madrid: BAC, 2002. p. 156-158.

ser humano manter a esperança em suas promessas e permanecer na fidelidade à sua vontade. Essa teologia da história parece ser o que há de mais específico desse gênero literário, e que o distingue dos demais.

A literatura apocalíptica, de modo geral, tem o propósito de revelar, por meio de visões e de suas interpretações, os mistérios ocultos desde as origens do mundo, sobre o céu e a terra, a vida no presente e no mundo vindouro, o destino dos justos e dos ímpios. Pretensas revelações recebidas diretamente de Deus por meio de um vidente, geralmente um famoso personagem da história, trazem soluções sobre o problema do mal com a vinda do Dia do Senhor, ou a instauração do Reino de Deus. As obras são pseudoepígrafas e os desafios do tempo do autor real são transpostos para um tempo narrativo no passado, apresentando-se como profecias do futuro.

A literatura apocalíptica tem por objetivo manter a esperança em tempos de crise. Escritos pertencentes a esse gênero literário geralmente surgem quando a fé das pessoas entra em crise, por não entenderem como é possível um Deus bom governar um mundo mau. Os apocalipses são típicos de períodos de perseguição e de grande opressão e constituem-se literatura de resistência. Eles tentam harmonizar as profecias bíblicas de sucesso político para Israel que não se cumpriram com a realidade de dominação estrangeira e perseguição religiosa. Apontam para uma espera da parusia e do Reinado de Deus, ou do Dia do Senhor.

Nos apocalipses judaicos, o tema principal é que Deus haverá de vingar Israel contra os gentios no fim dos tempos. Nos apocalipses cristãos, o mundo vindouro será uma era dourada, uma nova criação do ser humano em Cristo. Ou seja, a ressurreição de todos aqueles que permanecerem fiéis à palavra do Salvador, primogênito dentre os mortos. A primeira vinda de Cristo e sua ressurreição já é a instauração do Reino de Deus. Contudo, ainda não é sua plenitude.

De modo geral, todos os apocalipses têm, em comum, o tema central do governo absoluto de Deus sobre a história. E, como consequência disso, seus preceitos devem governar os crentes, judeus ou cristãos, no tempo presente, enquanto não se manifesta o grande dia do destino final dos indivíduos e a consumação do Reino de Deus, um mundo sem o mal, a nova Jerusalém.

מרן אתא ישוע (Maran atha Yeshua)

Vem, Senhor Jesus! (Ap 22,20)

Referências bibliográficas

ANDRADE, Aíla L. Pinheiro. *À maneira de Melquisedeque;* o messias segundo o judaísmo e os desafios da cristologia, no contexto neotestamentário e hoje. Belo Horizonte: FAJE, 2008. Tese de doutorado.

ARANDA PÉREZ, G. et al. *Literatura judaica intertestamentária.* São Paulo: Ave-Maria, 2000.

BAUCKHAM, Richard. *The Climax of Prophecy;* Studies on the Book of Revelation. Edinburgh: Clark, 1993.

COLLINS, Adela Yarbro. *The Combat Myth in the Book of Revelation.* Missoula: Scholars Press, 1976.

CROSS JUNIOR, Frank Moore. *Canaanite Myth and Hebrew Epic;* Essays on the History of the Religion of Israel. Cambridge: Harvard University Press, 1973.

CUMONT, Franz Valery Marie. *Mysteries of Mithra.* New York: Dover Publications, 1956.

DELCOR, Mathias; GARCIA MARTINEZ, Florentino. *Introducción a la literatura esenia de Qumran.* Madrid: Cristiandad, 1982.

DELUMEAU, Jean; MELCHIOR-BONNET, Sabine. *De religiões e de homens.* São Paulo: Loyola, 2000.

DIEZ MACHO, Alejandro. *Apócrifos del Antiguo Testamento.* Madrid: Cristiandad, 1982. t. I-IV.

DI TOMMASO, Lorenzo. A Report on Pseudepigrapha Research since Charlesworth's Old Testament Pseudepigrapha. *Journal for the Study of the Pseudepigrapha* 12 (2001) 179-207.

FALLON, Francis T. The Gnostic Apocalypses. *Semeia* 14, Missoula: Scholars Press, 1979.

FITZMYER, Joseph A. (dir.). *Comentario bíblico San Jerónimo.* Madrid: Ediciones Cristiandad, 1971-1972. 5v.

FLAVIO JOSEFO. *Obras completas* (edición bilingue). Buenos Aires: Acervo Cultural, 1961.

GARCÍA MARTÍNEZ, Florentino (ed.). *Textos de Qumran.* Petrópolis: Vozes, 1995.

GRELOT, Pierre. *A esperança judaica no tempo de Jesus.* São Paulo: Loyola, 1996.

GUERVARA, Hernando. *Ambiente político del pueblo judío en tiempos de Jesús.* Madrid: Cristiandad, 1985.

GUIJARRO OPORTO, Santiago; SALVADOR GARCÍA, Miguel (ed.). *Comentario al Antiguo Testamento.* Estella: La Casa de la Biblia, 1997. v. 1-2.

_____ (ed.). *Comentario al Nuevo Testamento.* Estella: La Casa de la Biblia, 1995.

HANSON, Paul D. *The Dawn of Apocalyptic;* The Historical and Sociological Roots of Jewish Apocalyptic Eschatology. Philadelphia: Fortress, 1979.

HENECKE, E; SCHNEEMELCHER, E; WILSON, R. *New Testament Apocrypha.* Philadelphia: Westminster, 1964.

HORSLEY, Richard A. Grupos judeus palestinos e seus messias na tardia época do segundo templo. *Concilium* 245 (1993) 24-41.

_____; HANSON, John S. *Bandidos, profetas e messias;* movimentos populares no tempo de Jesus. São Paulo: Paulus, 1995.

KLAUSNER, Joseph. *The Messianic Idea in Israel from Its Beginning to the Completion of the Mishnah.* New York: Macmillan, 1995.

KOESTER, Helmut. *Introdução ao Novo Testamento.* São Paulo: Paulus, 2005. v. 2: História e literatura do cristianismo primitivo.

LÉON-DUFOUR, Xavier et al. *Vocabulário de teologia bíblica.* Petrópolis: Vozes, 2009.

LIMA, Anderson de Oliveira. Apocalipse 12: um conjunto literário. *Perspectiva Teológica* 42 (2010) 205-226.

LOHSE, Eduard. *Contexto e ambiente do Novo Testamento.* São Paulo: Paulinas, 2000.

MESTERS, Carlos; OROFINO, Francisco. *Apocalipse de São João;* a teimosia da fé dos pequenos. Petrópolis: Vozes, 2003.

MITCHELL, David C. The Fourth Deliverer: A Josephite Messiah in 4Q testimonia. *Biblica* 86 (2005) 545-553.

PAUL, André. *O que é intertestamento*. São Paulo: Paulus, 1981. (Cadernos Bíblicos, n. 10.)

PARROT, Douglas M. The 13 Kingdoms of the Apocalypse of Adam: Origin, Meaning and Significance. *Novum Testamentum* 31 (1989) 67-87.

PIÑERO, Antonio. *Los Apocalipsis*. Madrid: EDAF, 2007.

RODRÍGUEZ CARMONA, Antonio. *La religión judia;* historia y teología. Madrid: BAC, 2002.

ROWLEY, H. H. *A importância da literatura apocalíptica*. São Paulo: Paulus, 1980.

RUSSEL, D. S. *Desvelamento divino;* uma introdução à apocalíptica judaica. São Paulo: Paulus, 1997.

SCARDELAI, Donizete. *Movimentos messiânicos no tempo de Jesus;* Jesus e outros messias. São Paulo: Paulus, 1998.

TILLESSE, Caetano Minette de (trad.). Extracanônicos do Antigo Testamento. Volume I-II. *Revista Bíblica Brasileira* número especial 1-2-3 (1999-2000).

TREBOLLE BARRERA, Júlio. *A Bíblia judaica e a Bíblia cristã*. Petrópolis: Vozes, 1996.

VV. AA. *Apocalipsismo*. São Leopoldo: Sinodal, 1983.

WRIGHT, Nicholas Thomas. *O mal e a justiça de Deus*. Viçosa: Ultimato, 2009.

Rua Dona Inácia Uchoa, 62
04110-020 – São Paulo – SP (Brasil)
Tel.: (11) 2125-3500
http://www.paulinas.com.br – editora@paulinas.com.br
Telemarketing e SAC: 0800-7010081